A Revolta da Vacina

Nicolau Sevcenko

A Revolta da Vacina

Mentes insanas em corpos rebeldes

Direitos de publicação reservados à:

Fundação Editora da Unesp (FEU)
Praça da Sé, 108
01001-900 – São Paulo – SP
Tel.: (0xx11) 3242-7171
Fax: (0xx11) 3242-7172
www.editoraunesp.com.br
www.livrariaunesp.com.br
atendimento.editora@unesp.br

Dados Internacionais de Catalogação na Publicação (CIP)
de acordo com ISBD
Elaborado por Vagner Rodolfo da Silva - CRB-8/9410

S497r

Sevcenko, Nicolau
A revolta da vacina: mentes insanas em corpos rebeldes / Nicolau Sevcenko. – São Paulo: Editora Unesp, 2018.

Inclui bibliografia e índice.
ISBN: 978-85-393-0720-3

1. História do Brasil. 2. Revolta da vacina. 3. Revolta social. 4. Saúde pública. I. Título.

2018-262

CDD: 981.05
CDU: 94(81).075

Editora afiliada:

Asociación de Editoriales Universitarias de América Latina y el Caribe

Associação Brasileira de Editoras Universitárias

Sumário

16 de novembro de 1906. Dois anos depois, a Revolta da Vacina ainda ecoava. Ao pretender prestar uma homenagem ao prefeito Pereira Passos no dia em que este deixava o cargo, o proprietário do quiosque nº 24 do largo de São Francisco de Paula afixou ali um retrato do ex-prefeito. Alguém, furtivamente, escreveu sobre ele dizeres ofensivos ao retratado. Esse foi o estopim da guerra que se armou, por toda a cidade, contra os quiosques.

Aqueles que, de olhos fixos,
Atravessaram para o reino da morte
Se lembram de nós – se acaso lembrarem
Não como almas violentas, perdidas
Mas apenas como os homens ocos
Os homens empalhados.

T.S. ELIOT, "Os homens ocos"

Introdução

Dizem que o amor faz grandes obras. O ódio também poderá fazê-las; mas, para isso, como no caso do amor, é preciso conter-se.

LIMA BARRETO, *Diário íntimo*

Nunca se contaram os mortos da Revolta da Vacina. Nem seria possível, pois muitos, como veremos, foram morrer bem longe do palco dos acontecimentos. Seriam inúmeros, centenas, milhares, mas é impossível avaliar quantos. A autoridade policial, como seria de se esperar, apresentou números sóbrios e precisos, na tentativa de reduzir uma autêntica rebelião social à caricatura de uma baderna urbana: fútil, atabalhoada, inconsequente. Os massacres, porém, não manifestam rigor com a precisão. Sabe-se quantos morreram em Canudos, no Contestado ou na Revolução Federalista – para só ficarmos nas grandes chacinas da Primeira República? A matança coletiva dirige-se, via de regra, contra um objeto unificado por algum padrão abstrato que retira a humanidade das vítimas: uma seita, uma comunidade peculiar, uma facção política, uma cultura, uma etnia. Personificando nesse grupo assim circunscrito todo o mal e toda a ameaça à ordem das coisas, os executores se representam a si mesmos como heróis redentores, cuja energia implacável esconjura a ameaça que pesa sobre o mundo. O preço a ser pago pela sua bravura é o peso do seu predomínio. A cor das bandeiras dos heróis é a mais variada, só o tom do sangue de suas vítimas permanece o mesmo ao longo da história.

A Revolta da Vacina, ocorrida num momento decisivo de transformação da sociedade brasileira, nos fornece uma visão particularmente esclarecedora de alguns elementos estruturais que preponderaram em nosso passado recente – repercutindo até mesmo nos dias atuais. A constituição de uma sociedade predominantemente urbanizada e de forte teor burguês no início da fase republicana, resultado do enquadramento do Brasil nos termos da nova ordem econômica mundial instaurada pela Revolução Científico-Tecnológica (por volta de 1870), foi acompanhada de movimentos convulsivos e crises traumáticas, cuja solução convergiu insistentemente para um sacrifício cruciante dos grupos populares. Envolvidos que estamos com as condições postas por essas transformações, pouco temos refletido sobre o seu custo social e humano. Minhas ponderações, por isso, voltam-se com alguma persistência para essa questão delicada e, reconheço, um tanto incômoda, porém imprescindível.

A insurreição de que trata este texto ocorreu na cidade do Rio de Janeiro, então capital federal, no ano de 1904. Seu pretexto imediato foi a campanha de vacinação em massa contra a varíola, desencadeada por decisão da própria presidência da República. Os setores da oposição política, que desde longo tempo vinham articulando um golpe contra o governo, aproveitaram-se das reações indignadas da população, a fim de abrir caminho para o seu intento furtivo. Essas oposições eram constituídas basicamente de dois agrupamentos. O primeiro, muito difuso, se compunha genericamente do núcleo de forças que ascenderam e se impuseram ao país durante a primeira fase do regime republicano, os governos militares de Deodoro da Fonseca e Floriano Peixoto – sobretudo este último. Tratava-se primeiramente de jovens oficiais, formados nas escolas técnicas de preparação de cadetes, onde pontificavam as novas teorias científicas que propunham uma reorganização geral da sociedade. Essa reorganização se inspirava na teoria de Augusto Comte, o positivismo, o qual preconizava uma nova civilização industrial que, administrada por gerentes de empresas, se baseava numa legislação de proteção e assistência aos trabalhadores e era governada por uma ditadura militar.

Acompanhava esses jovens oficiais, base do movimento que culminou na proclamação da República, toda uma enorme gama de setores sociais urbanos, representada por trabalhadores do serviço público, funcionários do Estado, profissionais autônomos, pequenos empresários, bacharéis desempregados e pela vasta multidão de locatários de imóveis, arruinados e desesperados, que viam o discurso estatizante, nacionalista, trabalhista e xenófobo dos cadetes como sua tábua de salvação. Esse grupo era genericamente denominado de *jacobinos* (indicando sobretudo grupos de civis) ou *florianistas* (referindo-se principalmente aos setores militares), ou ainda de *republicanos vermelhos* ou *radicais*. O outro agrupamento dos conspiradores era formado por monarquistas depostos pelo novo regime.

Como veremos, essas oposições se revelariam incapazes de compreender as dimensões mais abrangentes e de caráter mais radicalmente contestador encontradas nos movimentos da massa popular que iriam desencadear a Revolta da Vacina e se constituiriam numa das mais pungentes demonstrações de resistência dos grupos subalternos do país contra a exploração, a discriminação e o tratamento espúrio a que eram submetidos pela administração pública nessa fase da nossa história.

Optei por iniciar esta reflexão diretamente com uma descrição pormenorizada do cotidiano da revolta, a agitação dos participantes e o fragor dos confrontos entre as partes envolvidas. É a vibração mais epidérmica do movimento, o estudo de sua amplitude, seu fluxo e refluxo que dominam, portanto, as páginas iniciais deste texto. Tento expor em seguida, nos capítulos "Conjunturas sombrias: angústia" e "O processo de segregação: agonia", as causas mais profundas da insurreição e o seu significado particular no contexto de mudanças que envolviam e metamorfoseavam a sociedade brasileira, representada nesse caso pelo exemplo expressivo de sua capital federal. A última parte visa apreciar no episódio dramático dessa revolta algumas características fundamentais da estrutura social da Primeira República (1889-1930). Espero que não se estranhe o tom emotivo que eventualmente reponta em alguns momentos deste trabalho: ele é autêntico e intencional. Nem eu saberia tratar de outro modo a dor de seres humanos palpitantes, cheios de vida, angústias e esperanças.

Por fim, gostaria de dedicar este pequeno trabalho à memória dos mártires involuntários da favela de Vila Socó, em Cubatão (SP) – que, sob a omissão dos poderes públicos, foi sendo encharcada de dejetos químicos inflamáveis provenientes de tanques industriais próximos, incendiou-se e foi consumida em instantes numa noite de fevereiro de 1984 –, para que não nos esqueçamos jamais deles e para que nos disponhamos a avaliar melhor o futuro, do qual eles foram tão cruelmente privados.

1
O motim popular: ímpeto

[...] enquanto a vacinação não for rigorosamente levada a cabo por ordem policial do mesmo modo que o batismo o é pela Igreja, fica o país exposto ao perigo de repentinas e quase irresistíveis epidemias progressivas de varíola e ao despovoamento.

SPIX E MARTIUS, *Viagem pelo Brasil, 1817-1820*

O fator imediatamente deflagrador da Revolta da Vacina foi a publicação, no dia 9 de novembro de 1904, do plano de regulamentação da aplicação da vacina obrigatória contra a varíola. O projeto de lei que instituía a obrigatoriedade da vacinação tinha sido apresentado cerca de quatro meses antes ao Congresso, pelo senador alagoano Manuel José Duarte. Desde então se desencadeara um debate exaltado, que transpôs a esfera do Legislativo, para empolgar com fervor as páginas da imprensa e a população da capital federal. A medida era de interesse do governo, que não só dispunha de ampla maioria no Congresso como lançou todos os seus organismos técnicos e burocráticos em sua defesa. A pequena oposição parlamentar, a imprensa não governista e a população da cidade, por outro lado, procuravam resistir obstinadamente à implantação do decreto.

O argumento do governo era de que a vacinação era de inegável e imprescindível interesse para a saúde pública. E não havia como duvidar dessa afirmação, visto existirem inúmeros focos endêmicos da varíola no Brasil, o maior deles justamente na cidade do Rio de Janeiro. Esse mesmo ano de 1904 atestou um amplo surto epidêmico: até o mês de junho haviam sido contabilizados oficialmente mais de 1.800 casos de internações no Hospital de Isolamento São Sebastião, no Distrito Federal, e o total anual de óbitos devidos à varíola seria de 4.201. A medida, além do mais – insistiam as fontes do governo –, fora adotada com pleno sucesso na Alemanha em 1875, na Itália em 1888 e na França em 1902; por que não o seria no Brasil, onde a incidência da moléstia era muito mais grave? Por isso, chamando-a de "humana lei", o governo assume a responsabilidade de implantar a medida em caráter obrigatório no país, pretendendo assim conciliar "os altos e importantes interesses da saúde pública, que é a saúde do povo, com as garantias que as leis e a Constituição liberalizam a quantos habitam a nossa pátria", nas palavras do ministro da Justiça e do Interior, José Joaquim Seabra.

Os interlocutores da oposição, enraivecidos, respondiam ao governo que, no caso da lei brasileira, os métodos de execução do decreto de vacinação eram truculentos, os soros e sobretudo os aplicadores pouco confiáveis, e os funcionários, enfermeiros, fiscais e policiais encarregados da campanha manifestavam instintos brutais e moralidade discutível. Os maus exemplos dados pelos métodos de extinção da febre amarela vinham da campanha anterior, e toda a população já os conhecia. Os opositores diziam ainda mais: se o governo acreditava plenamente nas qualidades e na necessidade da vacina, então que deixasse a cada consciência a liberdade de decidir pela sua aplicação, podendo, até mesmo, escolher as condições que melhor lhe conviessem para recebê-la. Obstavam, enfim, não contra a vacina, cuja utilidade reconheciam, mas contra as condições da sua aplicação e, acima de tudo, contra o caráter compulsório da lei.

Tomemos como exemplo algumas vozes exaltadas da oposição, para avaliarmos os argumentos e a paixão que arrebataram os ânimos nesse confronto político. O médico Soares Rodrigues, de grande prestígio na capital, protestava contra os métodos violentos previstos numa lei que "arranca os filhos de suas mães, estas de seus filhos, para lançá-los nos horríveis hospitais; que devassa a propriedade alheia com interdições, desinfecções etc.". Lauro Sodré, senador pelo Distrito Federal, ex-militar, positivista e líder maçom, que viria a se tornar uma das figuras centrais desse episódio revolucionário, alertava para a feição despótica da lei de vacinação obrigatória: "uma lei arbitrária, iníqua e monstruosa, que valia pela violação do mais secreto de todos os direitos, o da liberdade de consciência". O deputado Barbosa Lima, de origem igualmente militar e positivista, gozava de enorme prestígio no Rio de Janeiro, tanto pela sua preocupação com a legislação social de proteção às camadas populares e trabalhadoras quanto

HONNI SOIT QUI MAL Y PENSE!
LIGA CONTRA A VACCINA OBRIGATORIA
ZÉ POVINHO
VACCINA OBRIGATORIA
Zé Povo: — Cuidado! Sr. Lauro! Olhe que si o calhão cai, esmaga a seringa e os seringadores, como se esmaga um rato!
Lauro Sodré: — Tolo! Deixa cahir! Deixa esmagar: é a pedra que róla da montanha...

Em 5 de novembro de 1904 foi criada a Liga contra a Vacina Obrigatória, como reação à medida aprovada em 31 de outubro. Uma dentre muitas que se disseminaram na imprensa carioca, a charge ao lado mostra o senador Lauro Sodré e o personagem popular "Zé Povinho" contra o sanitarista Osvaldo Cruz e o presidente Rodrigues Alves.

por seus prodigiosos dotes de orador. Também ele se dirigia à oposição e lembrava o horror de uma sociedade de moral extremamente recatada – lembremos que os braços de Capitu, segundo Machado de Assis, foram proibidos, pelo marido, de serem exibidos nus em público – de ver suas mulheres, mães, irmãs, filhas, tias, avós terem expostas e manipuladas por estranhos partes íntimas do corpo, cuja simples menção em público vexava e constrangia a todos: braços, coxas, nádegas. Bradava ele, com fúria, na Câmara dos Deputados: "lei obscena, lei... ignominiosa, pois só o médico da Saúde Pública tem competência para dizer se tal criatura mostra a cicatriz da vacina em membro inferior, dando-se-lhe assim 'carta de corso' para a mais infame pirataria, contra a qual todas as insurreições serão eternamente gloriosas".

E o que é notável: mesmo um elemento conservador, culto e bem informado como Rui Barbosa, político de grande envergadura, respeitado pelo público e por seus pares, denotava enorme insegurança quanto às peculiaridades, à qualidade e aos métodos de aplicação da vacina antivariólica prevista pela lei: "Não tem nome, na categoria dos crimes do poder, a temeridade, a violência, a tirania a que ele se aventura, expondo-se, voluntariamente, obstinadamente, a me envenenar, com a introdução no meu sangue, de um vírus sobre cuja influência existem os mais bem fundados receios de que seja condutor da moléstia ou da morte".

E se Rui, representante da mais elevada e mais ilustre elite do país, se mostrava temeroso de se submeter a uma vacina, sobre a qual demonstrava saber apenas que continha em si o vírus da varíola, o que não se pode imaginar sobre os terrores equivalentes e ampliados pela menor informação, que se disseminaram entre as classes populares?

Para complicar as coisas, aumentando a tensão geral e exacerbando os ânimos, ocorreu um caso escuso que ganhou enorme, embora talvez imerecida, repercussão. Uma mulher morrera no mês de julho, pouco após ter recebido a vacina antivariólica, e o médico-legista atribuiu como causa do falecimento um estado de infecção generalizada (septicemia), decorrente da vacinação.

A oposição promoveu de imediato um enorme alarido na Câmara, os jornais vociferaram diatribes contra o governo, e a opinião pública robusteceu as suas suspeitas, causando um abalo decisivo na política sanitária oficial. O impacto foi tamanho que o dr. Osvaldo Cruz, diretor da Saúde Pública, jovem de trinta anos de idade, responsável por toda a campanha de saneamento da capital e diretamente subordinado ao ministro da Justiça e do Interior, sentiu-se obrigado a intervir pessoalmente no caso. Reexaminou o cadáver, impugnou o atestado do médico-legista da polícia, declarando-o de má-fé, visto seu autor ser positivista e simpatizante da resistência à lei da vacina obrigatória. O episódio permaneceu obscuro, a causa do óbito tornou-se política e o calor das confrontações recrudesceu, com ameaças e condenações de ambos os lados.

O resultado dessa campanha frenética de agitação contra a vacinação, em termos concretos, logo se fez sentir. Enquanto, no mês de julho, cerca de 23.021 pessoas haviam procurado os postos da Saúde Pública para ser vacinadas, no mês seguinte esse número cairia para 6.036. E isso em meio ao surto fortíssimo de varíola que devastava a capital.

O presidente Rodrigues Alves havia adotado como um dos principais itens da plataforma de seu governo o saneamento completo e a extinção das endemias da capital. Seu mandato já se aproximava da metade e a varíola dominava a cidade. Aproveitando-se da sua folgada maioria, o Executivo urgiu os debates parlamentares, a fim de que se pudesse deflagrar o mais rápido possível a campanha de vacinação em massa. Durante dois meses e meio a oposição tentou obstruir de todas as formas o andamento do projeto, chegando a votar mais de cem emendas, com o propósito de postergar a sua aprovação para o ano seguinte e, assim, não só ganhar tempo como reforçar as resistências à medida. A maioria governista, entretanto, prevaleceu: a lei da vacina obrigatória foi votada em 31 de outubro e passou-se à sua regulamentação.

E foi justamente a regulamentação que desencadeou a revolta. Uma vez aprovada a lei pelo Congresso e pela Câmara dos Deputados, a definição das normas, métodos e recursos para a sua aplicação ficava a cargo do Departamento de Saúde Pública. Esse órgão federal estipularia o conjunto de procedimentos por meio de um decreto, que escapava, portanto, da deliberação do Legislativo e se tornava atribuição exclusiva da presidência da República. Logo, foi o próprio Osvaldo Cruz quem elaborou o regulamento, que não estava mais sujeito a discussões e deveria ser aplicado a toda a população *incontinenti*. Um jornal do Rio, *A Notícia*, publicou na sequência um esboço do decreto elaborado por Osvaldo Cruz, e a partir de então o pânico e a indignação se disseminaram por toda a cidade.

Os termos eram extremamente rígidos, abrangendo desde recém-nascidos até idosos, impondo-lhes

Malta
Rua da Carioca
31-1-06

vacinações, exames e reexames, ameaçando-os com multas pesadas e demissões sumárias, limitando as oportunidades de recursos, defesas e omissões. O objetivo era uma campanha maciça, rápida, sem nenhum embaraço e fulminante: o mais amplo sucesso, no mais curto prazo. Não se cogitou da preparação psicológica da população, da qual só se exigia a submissão incondicional. Essa insensibilidade política e tecnocrática foi fatal para a lei da vacina obrigatória. Infelizmente, não só para ela.

Publicada a regulamentação, já no dia seguinte, 10 de novembro, as agitações se iniciavam com toda a fúria que as caracterizaria. Grandes ajuntamentos tomaram a rua do Ouvidor, a praça Tiradentes e o largo de São Francisco de Paula, onde oradores populares vociferavam contra a lei e o regulamento da vacina, instigando o povo à rebeldia. A polícia, informada e com determinações expressas de proibir e dispersar quaisquer reuniões públicas, tratou de prender os oradores improvisados, sofrendo a resistência da população, que a atacava a pedradas. Naquele momento, toda a Brigada Policial é posta de prontidão, e é enviado um contingente de grandes proporções para patrulhar ostensivamente a área central do Rio de Janeiro. As autoridades civis são alertadas e a força policial é orientada para agir prontamente e com desembaraço contra quaisquer ameaças à ordem pública e à rotina da cidade. A noite do dia 10 caiu sob uma atmosfera de tensão e insegurança, prenúncio dos horrores que estavam por vir.

No dia seguinte, as agitações foram catalisadas pelo único órgão coordenador que tentava dirigir a turbulência da população revoltada, a Liga contra a Vacina Obrigatória, fundada pouco antes, a 5 de novembro, sob a presidência de Lauro Sodré, no Centro das Classes Operárias. A ligação dos opositores com esse núcleo do trabalhismo carioca, constituído basicamente de operários marítimos, indica claramente a ambição política de Lauro Sodré, acompanhado de outros líderes de tendências trabalhistas, Barbosa Lima e Vicente de Sousa, de tentar forjar, em meio à rebelião espontânea da população, um caminho para a sua aspiração pessoal e a de seus correligionários.

Sua importância para os amotinados provinha de a Liga significar, naquele momento de irresolução, um núcleo aglutinador de energias e decisões práticas. Os líderes da Liga perceberam isso com clareza e procuraram lançar temerariamente a multidão na ação insurrecional, por meio de discursos inflamados que pretendiam levar o movimento às últimas consequências. Mas, uma vez precipitada a avalanche, a Liga perderia completamente qualquer meio de controle sobre a revolta que ajudara a desencadear.

Logo na manhã do dia 11, a Liga contra a Vacina Obrigatória havia marcado um comício, a ser realizado no largo de São Francisco de Paula, desafiando a proibição policial. Como os líderes da Liga não compareceram, oradores populares começaram a se destacar na enorme multidão que enchia a praça, proferindo discursos improvisados que mantinham aquecidos os ânimos. As autoridades policiais recebem ordem de intervir. Assim que se aproxima, a força policial é alvo de vaias e provocações. Quando tenta realizar as prisões, começam as pedradas e os confrontos. Diante da reação popular, é ordenada uma carga de cavalaria contra a multidão, de sabre em punho. Começam a cair os feridos, o sangue mancha o calçamento das ruas, o tumulto se generaliza. Tiros e pedradas, vindos da população acossada, chovem sobre a brigada de policiais. O comércio, os bancos, bares, cafés e as repartições públicas fecham suas portas. Os grupos populares se dispersam pelas ruas centrais: rua do Teatro, do Ouvidor, Sete de Setembro, praça Tiradentes.

O combate era intenso, em nenhum lugar a polícia conseguia assumir o controle da situação. Aproveitando-se das reformas então em curso para a abertura da avenida Passos e da avenida Central [atual avenida Rio Branco], os populares se armaram de pedras, paus, ferros, instrumentos e ferramentas contundentes e se atracaram com os guardas da polícia. Esta, por sua vez, se utilizava sobretudo de tropas de infantaria, armadas de carabinas curtas, e de piquetes de lanceiros da cavalaria. A população acuada se refugiava nas casas vazias que cercavam os locais em obras e se metia pelos becos estreitos, onde uma ação militar coordenada se tornava impossível. O barulho do combate era ensurdecedor, tiros, gritos, tropel de cavalos, vidros estilhaçados, correrias, vaias e gemidos. O número de feridos crescia de ambos os lados, e a cada momento chegavam novos contingentes de policiais e de amotinados ao cenário disperso da escaramuça.

Por volta das oito horas da noite, a multidão – cerca de 3 mil pessoas – se aglutina na rua do Espírito Santo [atual rua Pedro I], no Centro das Classes Operárias, onde se realizava nova sessão da Liga contra a Vacina Obrigatória. Após uma série de discursos implacáveis, a massa compacta desfila pelas ruas centrais da cidade, gritando palavras de ordem, e se dirige ameaçadoramente para o Palácio do Catete, sede do governo da República. Batalhões de polícia fortemente armados são mandados para proteger a sede do governo e a residência do ministro da Justiça. O Exército é convocado para reforçar a guarda do palácio presidencial. As tropas são distribuídas em linha, ao longo de todo o perímetro do palácio e, armas nas mãos, aguardam a multidão. A vaga humana, turbulenta e ameaçadora, se acerca do Catete, para e passa a gritar máximas contra o governo, a vacina e a polícia.

Depois de algum tempo nessa atitude provocativa, a aglomeração toma novamente o sentido do Centro, retirando-se em bloco. Na altura do largo da Lapa, cruza com o carro do chefe de polícia, Cardoso de Castro, acompanhado de uma escolta de lanceiros. Provocações, insultos e tiros vindos da massa são respondidos com a carga dos lanceiros. O tiroteio se generaliza, os feridos tombam de ambos os lados, um civil cai morto. As notícias chegadas ao Palácio levam a um reforço das tropas da guarda, com contingentes da infantaria. Todas as cercanias do Catete são ocupadas militarmente. A multidão dispersada pelo confronto na Lapa passa a apedrejar os bondes e as lâmpadas de iluminação pública. A cidade começa a ser transformada em praça de guerra.

Na manhã seguinte, dia 12, ocorre novamente uma grande concentração popular convocada pela Liga contra a Vacina Obrigatória, na sede do Centro das Classes Operárias. Lauro Sodré e Barbosa Lima tentam garantir para si a liderança do movimento popular, atribuindo sentido político-parlamentar à insurreição. A manifestação seria, do ponto de vista desses líderes, um sinal de esgotamento dos programas político e econômico conservadores dos presidentes paulistas – Prudente de Morais, Campos

Sales e Rodrigues Alves – e marcaria um momento de reação em que a população estaria a exigir o retorno do republicanismo férvido, de tipo ditatorial, contra os barões do café e os credores estrangeiros, representado pela linha do florianismo, do trabalhismo e da aliança com a jovem oficialidade militar. Era como a liderança da Liga pretendia usufruir dos tumultos para a realização de seu próprio projeto político. Ia, entretanto, uma enorme distância entre essa linguagem partidária, facciosa, e o drama que a população vivia. Para os amotinados, não se tratava de selecionar líderes ou plataformas, e, sim, mais crucialmente, de lutar por um mínimo de respeito à sua condição de seres humanos. Desde então, a atuação da Liga diminuiu significativamente no seio do movimento, que tende a tomar um curso dispersivo e espontâneo.

Nos três dias seguintes, a rebelião ganharia um vigor inimaginável, prorrompendo a legião dos amotinados numa fúria incontida contra praticamente todos os veículos que se achavam nas ruas centrais da cidade, destruindo todas as lâmpadas da iluminação pública, arrancando os calçamentos das ruas, onde eram erguidas verdadeiras redes de barricadas e trincheiras interligadas, assaltando delegacias e repartições públicas, redistribuindo armas, querosene e dinamite roubados da polícia ou das casas de comércio, mas não raras vezes presenteados pelos pequenos lojistas, que colaboravam ativamente com o movimento. As autoridades perderam completamente o controle da região central e dos bairros periféricos, como a Saúde e a Gamboa, densamente habitados por grupos populares. As tropas eram sumariamente expulsas dessas áreas, por mais que

Barricada no bairro da Gamboa.

as assaltassem armadas até os dentes e em perfeita ordem-unida. Os becos, as demolições, as casas abandonadas, a topografia acidentada da cidade, tudo propiciava aos insurretos a oportunidade de mil armadilhas, refúgios e tocaias.

O governo, submerso no caos da desordem, lançou mão de todos os recursos imediatamente disponíveis para a repressão. Como a força policial não dava conta da situação, passou a solicitar todos os reforços possíveis das tropas do Exército e da Marinha. Não foi suficiente. Precisou chamar unidades do Exército acantonadas em regiões limítrofes: fluminenses, mineiras e paulistas. Ainda assim não bastou. Teve de armar toda a corporação dos bombeiros e investi-la na refrega. Mas a resistência era tanta que precisou apelar para recursos ainda mais extremados: determinou o bombardeio de bairros e regiões costeiras por suas embarcações de guerra. Finalmente convocou a Guarda Nacional. Só pelo concerto inusitado dessa espantosa massa de forças repressivas, pôde o governo, aos poucos e com extrema dificuldade, sufocar a insurreição.

Para se ter uma imagem mais viva e mais concreta dessas agitações, tomemos o testemunho de Sertório de Castro, jornalista encarregado de cobrir os tumultos para o *Jornal do Comércio*, órgão conservador e pró-governista do Rio de Janeiro. A citação talvez seja um pouco longa, mas consegue recriar a atmosfera de tensão, o impacto da força inesperada do motim e a tragédia profunda das violências, com o viço de uma testemunha participante.

MAS OS TUMULTOS INICIAVAM-SE AINDA MAIS CEDO, E COM UM caráter ainda mais alarmante; naquele dia de repouso, domingo, dia 12, às 14 horas, estava literalmente tomada, pela multidão exaltada, a praça Tiradentes. Em vão, tentavam as autoridades e as patrulhas convencê-la de que deveria dispersar. É que estava anunciada para aquela hora, no gabinete do ministro da Justiça, uma reunião da comissão incumbida de assentar nas bases o regulamento da vacina obrigatória. Crescia o movimento de minuto a minuto, temendo-se acontecimentos graves. Vinha nessa ocasião da rua do Lavradio, num carro aberto ladeado pelo comandante da Brigada Policial, o chefe de polícia. Escoltava o veículo um piquete de cavalaria, e contornava a praça quando, ao passar em frente à Maison Moderne, rompeu intensa assuada. O carro começou a ser apedrejado. Cardoso de Castro, desassombradamente, de pé no veículo, ordenou, num gesto resoluto e enérgico, que o piquete carregasse. Os soldados, de lança em riste, avançaram contra a multidão. Outra força postada no lado oposto recebeu ordem idêntica. Trava-se então uma luta veemente, sibilando balas, cortando os ares pedras e toda a espécie de projetis.

Novos reforços acudiam tumultuosamente, entrando na refrega. A praça foi evacuada. Mas o que ali se desenrolava era uma cena de franca revolução. O povo reagia ferozmente a tiros e pedradas, fugindo, recuando, avançando de novo, caindo feridos, tombando mortos. Todas as entradas de ruas que desembocavam na praça foram ocupadas pela força. A praça estava sitiada, vendo-se no centro apenas os pequenos grupos de autoridades. As janelas dos sobrados estavam cheias de curiosos. De uma das janelas da Secretaria da Justiça o general Piragibe dava ordens à força. A multidão fora se refugiar na rua do Sacramento, onde havia casas em ruínas, montões de madeiras e de pedras, início das obras da futura avenida Passos. Do Restaurante Criterium e de quase todas as casas daquele trecho, onde avultavam as proporções da luta, eram desfechados tiros e arremessados garrafas, pratos, copos, calhaus e pedaços de madeira, sobre a força em constantes movimentos. Compacta, fremente, a multidão vaiava o governo, a polícia, aclamando o Exército. O chefe de polícia ordenou que a força avançasse para desalojar os amotinados daquela via pública, onde já se erguiam trincheiras e barricadas. Rompeu a cavalaria a galope, descarregando clavinotes, espaldeirando quantos fugitivos alcançava. Descargas cerradas atroavam os ares, tombando vítimas sem conta. Um menino caía morto na calçada do Tesouro [antigo prédio do Tesouro Nacional, que abrigava o Ministério da Fazenda].

Toda a rua estava cheia de manchas de sangue. Por trás de um montão de paralelepípedos e madeiras um grupo resistia em prodígios de coragem, tornando-se invencível a barreira que encontrava a força no trecho compreendido entre as ruas do Hospício [atual rua Buenos Aires] e Marechal Floriano Peixoto [atual avenida Marechal Floriano]. Os combustores da iluminação pública, as vidraças do Tesouro e de outras casas eram espatifados a pedradas. Os bondes eram virados, arrebentados e incendiados uns, atravessados outros ao longo da rua para servirem de trincheiras. Outros veículos – carroças, tílburis, carros de praça – aumentavam as barricadas. Generalizava-se o tumulto, reproduzindo-se as mesmas cenas em quase todas as ruas centrais, como em vários bairros. Ouviam-se em toda a parte descargas atroadoras. No largo de São Francisco, nas ruas dos Andradas, [do] Teatro, Sete de Setembro e [da] Assembleia, ardiam fogueiras simultâneas, alimentadas pelos bondes sobre os quais eram esvaziadas latas de querosene. Caía tragicamente a noite. Dos sobrados da rua de São Jorge [atual rua Gonçalves Ledo] – estreita e sem campo para a liberdade de movimentos da força – armas certeiras despejavam tiros sobre esta. O general Piragibe desceu nessa ocasião – seis horas (dia 13) – da Secretaria de Justiça, e postando-se à frente de uma força de infantaria e cavalaria, ordenou-lhe que avançasse contra aquela via pública. Descarregando suas armas à meia-luz crepuscular, avançavam os soldados debaixo de uma chuva de balas.

O terrível reduto foi, afinal, abandonado pelos amotinados. Simultaneamente, travava-se um vivo tiroteio na rua Senhor dos Passos, quando grupos alucinados, munidos de ferros e paus, quebravam, um a um, os combustores da iluminação pública. Às 6h10, saía de seu quartel central o Corpo de Bombeiros para extinguir outras fogueiras alimentadas pelos bondes assaltados. Meia hora depois, toda a Brigada Policial estava empenhada na ação, impotente para conter o motim. Saíam para a rua, a fim de auxiliá-la, as primeiras forças do Exército. Os mortos permaneciam onde tombavam, sendo a custo removidos os feridos dos dois campos. Desembarcava daí a pouco no pátio do Arsenal o Corpo de Marinheiros Nacionais. Às 7h30 estava a cidade completamente às escuras. No meio da treva, travavam-se lutas sangrentas, entre a força e a turba, no largo da Carioca e na rua [atual avenida] Treze de Maio. Todos os bondes que ali haviam chegado até aquela hora tinham sido virados e incendiados. Na praça Onze de Junho ardiam cinco desses veículos ao mesmo tempo. Todas as comunicações com o centro estavam cortadas, tendo sido suspenso o tráfego de todas as linhas de bonde e dos carros e tílburis de praça. A Companhia do Gás, no Mangue [atual avenida Presidente Vargas], era atacada. As linhas telefônicas haviam sido cortadas, ficando as autoridades impedidas de transmitir e receber ordens e instruções. E ao som dessa polifonia feita de estrépito de patas de cavalos no calçamento, gritos, imprecações e gemidos, retinir de espadas e entrechoque de armas, ao clarão das descargas e dos incêndios, passou a noite, chegou a madrugada.

Na segunda-feira seguinte – 14 de novembro – reencetava-se o mesmo trágico espetáculo, com o mesmo cortejo de episódios, antes do meio-dia. Dir-se-ia que os combatentes de um e outro lado haviam eliminado a noite, feita para o repouso. Desde cedo estavam convulsionados a praça Onze de Junho e todo o bairro da Cidade Nova. Todas as ruas centrais apresentavam os aspectos de um campo de batalha, cobertas de destroços: postes virados, paralelepípedos revolvidos, restos de bondes quebrados e incendiados, vidros espatifados, latas, madeiras. Os poucos combustores que restavam de pé iam sendo destruídos. Não trafegava um único veículo em toda a cidade. Do alto de uma casa da esquina da rua do Hospício com a do Regente [atual rua Regente Feijó] a figura sinistra de um preto ceifava os soldados a tiros certeiros, até que dali derribou uma bala de carabina que lhe varou o crânio. Contingentes do Exército saíam a cada momento do quartel-general para dispersar grupos de amotinados na praça da República e ruas circunvizinhas. Por toda a parte gritos, tiros, correrias. As delegacias de polícia, como as de saúde, eram atacadas e invadidas em todas as zonas conflagradas, sem que a força pública pudesse impedir essas cenas vandálicas.

Uma circular do chefe de polícia, divulgada naquela manhã, convidava a população a desocupar as ruas, pois iam ser empregadas medidas do máximo rigor na repressão ao tumulto generalizado. O famoso bairro da Saúde, convertido num reduto inexpugnável, começava a tornar-se lendário. Sob um tufão de balas havia sido assaltada pela manhã a delegacia policial ali existente. As casas do bairro eram tomadas à força aos seus habitantes, para se converterem em pequenas fortalezas de onde os contingentes militares eram impiedosamente hostilizados. Uma força de infantaria da Marinha comandada pelo capitão de fragata Marques da Rocha não havia podido

Praça da República, Rio de Janeiro, durante a Revolta da Vacina.

chegar à praça da Harmonia [atual praça Cel. Assunção, que, antes das reformas do porto, era fronteira ao mar], na tentativa que fez com esse objetivo. As barricadas ali construídas de carroças, bondes, colchões, sacos de areia, pedras, trilhos arrancados do solo, postes de iluminação e fios de arame, haviam-na repelido.

[...] Prosseguia desenfreada, em todos os pontos da cidade, a luta entre o povo e a força.

A rua do Regente, cheia de casas velhas, estava interceptada por barricadas feitas de montões de areia, veículos arrebentados, pedras e postes de iluminação. Também ali penetrou a cavalaria, travando com os defensores do terrível reduto um sangrento combate. Os mortos e os feridos eram amontoados dentro das casas em ruínas. As casas de armas haviam sido saqueadas. O necrotério cheio de cadáveres. Fábricas, as estações das barcas e da estrada de ferro, eram rudemente atacadas, ficando os vidros de todas as janelas reduzidos a estilhaços. A Câmara dos Deputados, o Senado, os telégrafos, os gasômetros, os bancos, os correios, a Alfândega, estavam guardados por poderosos contingentes de força da Marinha. Durante toda a noite haviam permanecido abertos e iluminados, com todo seu pessoal a postos, o palácio do governo, as secretarias, os gabinetes de ministros. No campo de Marte [atual praça Noronha Santos], na defesa do gasômetro central, travou-se um renhido embate entre os amotinados e um grupo de duzentos guardas-civis, tombando mortos e feridos. Os carros da empresa funerária viam-se impedidos de sair para recolher os cadáveres, temendo os assaltos que sofriam indistintamente todos os veículos. Para realizarem o triste serviço, era cada um escoltado por numerosos contingentes de cavalaria. À noite, uma força de cavalaria comandada pelo tenente-coronel Ribeiro da Costa ia à rua Frei Caneca proceder a um perigoso reconhecimento. À chegada da barca de Petrópolis, um grupo de mais de 2 mil pessoas atacava a estação da Prainha quebrando vidros, relógios, bancos, tudo destruindo.[1]

---

1 Do largo da Prainha, atual praça Mauá, saíam barcas para o Porto de Mauá, ponto inicial da antiga estrada de ferro para Petrópolis.

Nesse mesmo dia, ocorreria ainda outro fato alarmante, que contribuiria para aumentar a sensação geral de desordem e colocar o governo em polvorosa: uma sedição militar. Não que o governo tivesse sido tomado de surpresa. Havia mais de um ano, desde pelo menos outubro de 1903, a polícia já pressentia o conluio conspiratório de elementos da oposição com grupos militares. Desde então, seguia minuciosamente os passos dos principais envolvidos, o senador e ex-tenente-coronel Lauro Sodré e o deputado Alfredo Varela, mantendo-se vigilante e informada sobre os movimentos, os nomes, as proporções e os objetivos dos inconfidentes. O que ocorreu, contudo, é que tanto a polícia quanto os próprios sediciosos submergiram estupefatos à intensidade imprevisível da revolta popular. Ambos foram atrapalhados pelo motim: a polícia, porque se dispersou de suas investigações persistentes, e os conspiradores, porque perderam as condições de controle e de previsibilidade indispensáveis para garantir o concerto e o sucesso dos movimentos coordenados que lhes permitiriam a tomada do poder.

O projeto de assalto ao poder estava sendo encabeçado pelos jacobinos e florianistas, mas ironicamente era financiado às ocultas pelos monarquistas, que haviam sido excluídos da política republicana e eram representados sobretudo pelo visconde de Ouro Preto, por Andrade Figueira, Cândido de Oliveira e Afonso Celso. Varela era o principal elemento de ligação entre os dois grupos, e o seu jornal, *O Comércio do Brasil,* ultra-agressivo e financiado pelos monarquistas, era o principal órgão de agitação do grupo conspirador. Os monarquistas, incentivando o conluio e mantendo a agitação antigovernamental na imprensa, esperavam herdar o poder como os únicos elementos capazes de restaurar a ordem, uma vez estabelecido o caos pelo confronto entre as duas facções republicanas. Jogaram, por isso, tanta lenha quanto puderam na fogueira da agitação popular.

O golpe militar estava previsto originalmente para ocorrer no dia 15 de novembro. Por duas razões decisivas. Primeiramente, porque os insurretos pretendiam dar início a "uma nova República", fiel à inspiração original de seus fundadores positivistas, em particular Benjamin Constant e seus alunos, que formavam a oficialidade jovem da Escola Militar do Brasil, na praia Vermelha. O 15 de novembro, data simbólica da primeira vitória desse grupo, marcaria agora o renascimento daquele espírito perdido e conspurcado pela politicagem grosseira dos civis, com a elite paulista à frente. A segunda razão, e concretamente a mais importante: nesse dia deveria haver os desfiles militares comemorativos da data cívica, e como caberia ao general Silvestre Travassos, um dos líderes da trama, o comando das tropas em parada, ele as incitaria à rebeldia, recebendo a adesão entusiástica dos oficiais já mancomunados, impondo assim a anuência dos vacilantes e desarmando os refratários. Mas a mazorca popular veio comprometer irremediavelmente o plano: os desfiles foram suspensos.

Os militares e políticos conjurados reúnem-se, às pressas então, no dia 14, no Clube Militar, para deliberar sobre o curso a ser dado ao movimento diante das novas circunstâncias. Estavam presentes os generais Silvestre Travassos, Olímpio da Silveira, o ex-tenente-coronel Lauro Sodré, o major Agostinho Raimundo Gomes de Castro e o capitão Antônio

Escola Militar da Praia Vermelha.

Augusto de Morais. Decidem aproveitar-se do momento turbulento que mantinha ocupadas as atenções do governo e tolhidas quase que todas as suas forças, para sublevar a mocidade das escolas militares e com elas marchar em direção ao Catete depondo, então, o presidente e instaurando um novo regime, conforme o modelo da ditadura militar preconizado pelos positivistas. Atribuiu-se, assim, ao major Gomes de Castro o encargo de assumir o comando da Escola de Tática do Realengo, que seria depois entregue ao general Marciano de Magalhães, e encarregou-se simultaneamente o general Travassos de levantar a Escola Militar do Brasil.

O resultado dessas missões foi canhestro. Gomes de Castro foi preso, ao tentar sublevar os cadetes da Escola do Realengo, pelo próprio comandante da instituição, o general Hermes da Fonseca. Já o general Travassos, em companhia de Lauro Sodré e Alfredo Varela, consegue depor o general Macedo Costallat, comandante da Escola Militar da Praia Vermelha, e obtém o apoio dos alunos, cerca de trezentos, para o seu projeto de marchar sobre o Catete. Apercebem-se entretanto de que o arsenal da Escola dispõe de muito pouca munição. Tentam, então, entrar em contato com outras unidades para conseguir armas, munição e reforços, mas são malsucedidos. Dispõem-se, finalmente, a marchar assim mesmo para o palácio presidencial. Haviam, porém, perdido muito tempo nessas manobras indecisas. Tomada a Escola às 18h30, somente às 23h iniciaram sua ofensiva. O governo, já informado de tudo, reforçou de todas as formas que pôde a sua sede administrativa.

Os incidentes que se seguiram foram tão confusos como tudo o que se passava na cidade àquela altura. O governo enviou uma força de infantaria comandada pelo general de brigada Antônio Carlos da Silva Piragibe para dar o primeiro combate à coluna que vinha da praia Vermelha. A tropa rebelde, informada da vinda do adversário, parou na rua da Passagem à sua espera. A noite era escura e chuvosa, as lâmpadas dos postes estavam todas apagadas, não havia condição alguma de visibilidade. Aproximando-se do local e ouvindo o tropel de um vigia avançando, o general Piragibe deu-lhe ordem de fazer alto, o cavaleiro retrocedeu às pressas e o oficial ordenou então que a tropa disparasse. Os alunos responderam ao fogo, seguindo-se um rápido mas intenso tiroteio às escuras, que deixou inúmeros mortos e feridos de ambos os lados. Em pouco tempo, as tropas governistas debandaram e os cadetes estavam dispersos. O general Travassos e o tenente-coronel Lauro haviam sido gravemente feridos; aquele mortalmente. Os alunos retrocederam à Escola da Praia Vermelha, onde passaram a noite sob o fogo dos canhões do encouraçado *Deodoro* e das metralhadoras das lanchas torpedeiras da Marinha, depondo as armas na manhã seguinte. Estava fracassada a sedição militar.

As notícias sobre o que havia acontecido na rua da Passagem chegaram incertas e alarmantes no gabinete presidencial. Os oficiais que retornaram relatavam vaga e desordenadamente o que puderam perceber em meio à confusão total em que o tiroteio se transformara. O encontro com o inimigo, a troca de tiros, a debandada das forças, a escuridão, a incerteza dos resultados. Temendo que, em virtude da fuga das tropas leais, os revoltosos continuassem sua marcha para o Catete, recebendo adesões de outras tropas, os responsáveis pelo governo, todos reunidos no palácio, viveram ali os seus piores momentos. Chegaram a sugerir a fuga de Rodrigues Alves, que seria conduzido para uma embarcação da Marinha de Guerra, pondo-se a salvo no mar. O presidente resistiu ao convite e passou a comandar pessoalmente a defesa da sede do governo. Reforçaram-se ainda mais as tropas à volta do palácio, cavaram-se trincheiras, fortificadas com arame farpado e sacos de areia. Esperava-se o pior; a batalha decisiva era iminente. No dia seguinte, se as notícias traziam ao governo enorme alívio no que dizia respeito ao lado militar, redobraram as preocupações quanto às proporções que assumia o motim popular.

Retomemos ainda desta vez a narrativa espontânea, e impregnada de uma ansiedade sensível, com que o repórter do *Jornal do Comércio* documentava os eventos que se sucediam céleres e imprevisíveis:

NAQUELA MESMA MADRUGADA EM QUE SE CONSUMAVA POR FORMA tão desastrosa o motim da Praia Vermelha, já se reiniciavam, com dobrada violência, os choques sangrentos entre a turba agitada e os contingentes da força policial e do Exército que por toda a parte se moviam em operações arriscadas. O tropel da cavalaria em cargas violentas e o fragor dos tiroteios iam-se tornando familiares ao ouvido. O mesmo espetáculo desolador do sangue correndo, tombando seguidamente mortos e feridos. A força, que tentava aproximar-se dos vários redutos, recuava com frequência sob saraivadas de projetis de toda a natureza: balas, garrafas, latas vazias, pedras, pedaços de pau. Naquele dia uma nova arma entrava em ação, para aumentar ainda mais o terror dominante: começavam a explodir bombas de dinamite em vários pontos da cidade.

Na Gávea, o numeroso operariado das fábricas de tecidos entrava a participar ativamente do motim, entregando-se à prática de toda a sorte de depredações. Era uma conflagração geral. No centro urbano as casas comerciais indefesas eram assaltadas. Na praça da República ocorria um encontro de formidáveis proporções entre povo e tropa. Estivadores e foguistas declaravam-se em parede [em greve].

O bairro da Saúde parecia intangível, a partir da entrada da rua Camerino. As autoridades civis e militares realizavam reuniões frequentes em que se concertavam planos de ataque àquela posição inexpugnável.

A cidade havia sido dividida em três zonas militares, para maior eficácia do policiamento: a primeira, compreendendo todo o litoral, estava entregue à Marinha, sendo à noite batida pela luz intensa dos holofotes, para que melhor pudessem ser dispersados os agrupamentos que ali se formassem; abrangia a segunda as ruas Haddock Lobo, Frei Caneca, praça Tiradentes, ruas do Sacramento e Barão de São Félix, e estava a cargo da Brigada Policial; sob a guarda do Exército achava-se a terceira, que se estendia pela rua Marechal Floriano Peixoto, praça da República, Estrada de Ferro São Cristóvão e Vila Isabel [isto é, Companhias de Bondes São Cristóvão e Vila Isabel].

Naquele mesmo dia dava o presidente conta ao Congresso das graves ocorrências, declarando em sua mensagem que eram geralmente considerados autores do movimento subversivo, que visava entregar o poder a uma ditadura militar, o senador Lauro Sodré e os deputados Alfredo Varela e Barbosa Lima. Em poucas horas estava votado e sancionado o projeto que estabelecia o estado de sítio por trinta dias no Distrito Federal e na Comarca de Niterói.

Na quarta-feira, dia 16, reproduziam-se os tumultos, renovando-se os tiroteios, as cargas, as correrias, num ambiente de intranquilidade geral.

Para o bairro da Saúde convergia todo o interesse das autoridades. Havia sido projetado, para a noite, um ataque geral ao formidável reduto a que haviam dado a denominação de Porto Arthur,[2]

---

2 Porto Arthur era uma pequena cidade na península chinesa de Kwantung, em posição estratégica para o

formado por trincheiras de mais de um metro de altura, feitas com sacos de areia, trilhos arrancados às linhas de bondes, veículos virados, paralelepípedos, fios de arame, troncos de árvores, madeiras das casas em demolição. Seus defensores armados de carabinas e revólveres, bem providos de munição e bombas de dinamite, ali permaneciam numa constante ameaça. Os morros do Livramento e [da] Mortona haviam sido igualmente fortificados pelos amotinados, que dominavam todo o bairro. Retiravam livremente das casas comerciais tudo que precisavam, tudo quanto desejavam. Uma força de infantaria do Exército comandada pelo alferes Jovino Marques, avançando até a rua da Imperatriz [Camerino], havia conseguido destruir a primeira trincheira. Dali por diante começavam os postos avançados dos amotinados, que haviam se organizado militarmente. Em Porto Arthur soavam cornetas transmitindo ordens. O calçamento de todo o bairro havia sido revolvido a picareta. Árvores, postes telegráficos e de iluminação, ralos de sarjetas haviam sido arrancados. Dentro das casas comerciais grupos comiam e bebiam fartamente. O leito das ruas estava coberto de montões de garrafas, colchões, esteiras, latas e restos de objetos incendiados. Nos morros, canos cheios de dinamite formavam estranhas baterias. No largo do Depósito [atual

---

controle do mar da China e, portanto, para os interesses geopolíticos do império russo. Nesse local, em 27 de janeiro de 1904, por terra e mar, grande parte da esquadra russa do Pacífico foi atacada de surpresa e destruída pelos japoneses, evento que deu início à guerra russo-japonesa (1904-1905).

praça dos Estivadores], aonde já chegavam as forças em seu avanço, travava-se um tremendo tiroteio. Numerosos mortos e feridos. Notabilizou-se pela sua bravura um negro de porte e musculatura de atleta – Prata Preta. Era o chefe da sedição no bairro. Preso, foi conduzido, juntamente com outros companheiros de aventura, numa dupla fila de 150 soldados de baionetas caladas, abrindo a coluna dez de cavalaria, e fechando-a outros dez. Atravessaram as ruas debaixo do intenso interesse de uma enorme multidão. O bairro fora atacado por mar e por terra, tendo tomado posição para bombardeá-lo o encouraçado *Deodoro*. Cooperando com a força naval, marchou sobre a praça da Harmonia o 7º batalhão de infantaria.

Charge da época retrata Horácio José da Silva, o *Prata Preta*, um dos líderes da resistência popular no morro da Saúde. Estivador e jogador de capoeira, atividade então proibida por lei, ele lutou até os últimos dias da Revolta da Vacina e, segundo a imprensa da época, foram necessários cinco homens da polícia e do Exército para prendê-lo. Não se sabe que destino teve.

No mesmo dia 16 o governo assume uma iniciativa sensata: revoga a obrigatoriedade da vacina antivariólica. Dada a repressão sistemática e extinta a causa deflagradora, o movimento reflui, então, até a completa extinção, tão naturalmente quanto irrompera. O levante militar, por sua vez, teve repercussão na Bahia, onde uma guarnição sublevou-se, sendo porém prontamente neutralizada, e no Recife, onde a agitação da imprensa favorável à revolta provocou algumas passeatas inócuas pela cidade. O governo tinha então as mãos livres para desencadear o seu furor repressivo. Os militares acusados da insurreição foram detidos e aprisionados; a Escola da

Praia Vermelha foi fechada e seus alunos exilados para regiões de fronteira e em seguida desligados do Exército; os líderes civis foram encarcerados e processados por tribunais militares; os populares, perseguidos e presos aos magotes.

A cidade ressurge da revolta irreconhecível. Calçamentos revolvidos, casas ruídas, janelas estilhaçadas, portas arrombadas, trilhos arrancados, restos de bondes, carros e carroças calcinados nas ruas, crateras de dinamite e petardos, ruínas de prédios incendiados, lâmpadas quebradas, postes, bancas, relógios e estátuas arrancadas, trincheiras improvisadas dos mais variados materiais, barreiras de arame farpado, perfurações de bala por toda parte, manchas de sangue, cavalos mortos, cinzas fumegantes. Um número incalculado de mortos e feridos, perdas e danos materiais inestimáveis, uma atmosfera geral de terror que se faria sentir até dois anos mais tarde. Um memorialista considerou este "o levante popular, o mais indomável de que já fora palco a capital da República". Pode-se imaginar que somente o receio popular para com a vacina e a inabilidade do governo desencadearam isso tudo? É crível que somente a apreensão de uns e a estupidez de outros geraram por si tamanha catástrofe? Não seria o mesmo que presumir que é o secreto desígnio dos deuses, ou a incompetência dos aprendizes de feiticeiro, que provoca as erupções vulcânicas? Tratemos de olhar mais fundo, para os estratos inferiores, não para o Olimpo.

2
Conjunturas sombrias: angústia

O povo do Rio de Janeiro não estaria provavelmente avaliando a intensa era de trabalho e luta, de destruição e construção, que em poucos anos iria transformar a fisionomia da metrópole e provocar um impacto consagrador na opinião do país. [...] O povo via ainda em Rodrigues Alves o dorminhoco lendário, sem desconfiar que os seus sonhos renovadores iam se realizar em breve, aos olhos estupefatos de todos.

AFONSO ARINOS DE MELO FRANCO,
Rodrigues Alves

Desde a data do seu início, em 15 de novembro de 1902, o governo de Rodrigues Alves foi recebido com extrema frieza pela população do Rio de Janeiro. Ele representava inequivocamente a continuidade da administração anterior, do também paulista Campos Sales. E não nos esqueçamos da despedida estrepitosa que os habitantes da cidade lhe reservaram, quando ele passou suas funções ao sucessor. O ex-presidente foi vaiado fragorosamente, desde a saída do gabinete presidencial até a estação. Quase toda a Brigada Policial foi posta na rua para garantir o seu embarque. A assuada era recortada por provocações, insultos, zombarias, assovios e gestos ameaçadores. Pelo trajeto do subúrbio, o trem em que ele embarcara foi saudado com vaias, apitos e pedradas. Mais do que o homem, o que se procurava atingir com essa manifestação de repúdio era, evidentemente, um projeto de governo sentido como espúrio, faccioso e opressivo. E Rodrigues Alves era identificado com a continuidade dessa política impopular, numa cidade que votara maciçamente no candidato de oposição à hegemonia paulista, o republicano histórico, líder radical e um dos políticos de maior prestígio junto à população carioca, Quintino Bocaiuva.

A indisposição para com a hegemonia e o projeto político dos paulistas vinha já desde a sua origem, quando Prudente de Morais, na sua gestão (1894-1898), deu início à sucessão civil dos governos militares que haviam fundado a República: o de Deodoro (1889-1891) e o de Floriano Peixoto (1891-1894). Mas foi sem dúvida com a gestão de Campos Sales (1898-1902) que essa oposição começou a ganhar foros de dramaticidade. Se o objetivo maior de Prudente de Morais fora pacificar e extinguir as turbulências revolucionárias desencadeadas pelos governos militares e que impediam a consolidação das novas instituições republicanas, o de Campos Sales foi o de recuperar o país do descalabro econômico em que as aventuras fiduciárias (Encilhamento[1]) e as agitações

---

1 Nome popularmente dado à política de financiamento da economia promovida durante a presidência de Deodoro da Fonseca (1889-1891) por seu ministro da Fazenda, Rui

militares (Revolta da Armada, Revolução Federalista, Canudos) o haviam submergido.

Em ambos os casos, o que pretendiam os paulistas era apresentar ao mundo desenvolvido, o das grandes potências, a imagem de um governo sólido, estável, dotado de instituições liberais, economia saudável e administração competente. Só assim poderiam atrair os recursos sem os quais a cafeicultura paulista não poderia sobreviver: empréstimos externos que sustentassem a expansão das lavouras e o preço declinante das sacas, recursos técnicos de infraestrutura e mão de obra dos imigrantes europeus.

Foi com esse espírito que Campos Sales contratou, com agentes bancários londrinos, a renegociação de uma dívida externa galopante, que não se conseguia mais saldar e que já espantava nossos credores, deixando o país a descoberto de novos empréstimos. O acordo foi negociado na forma de moratória e denominado *funding loan,* na língua entravada dos nossos mutuantes. O governo receberia 10 milhões de libras, e oferecia como penhor a renda das alfândegas nacionais. Os juros do novo empréstimo só começariam a ser cobrados após três anos e a amortização após treze anos, o restante devendo ser pago num prazo dilatado de 63 anos. As

---

Barbosa. Tal política econômica buscava criar condições para industrializar um país predominantemente agrário, ou seja, capitalizar uma economia pouco monetarizada, recém-saída do regime escravocrata. O principal meio adotado foi o estímulo ao crédito pela emissão de moeda lastreada por títulos da dívida pública. O resultado foi o descontrole inflacionário e uma onda de especulação financeira movida por empresas-fantasmas que redundaram em crise econômica sem precedentes.

condições pareciam ser vantajosas, diante da situação lastimável em que se encontrava o crédito brasileiro. Mas, para fazer jus a elas, o governo teve de se comprometer a realizar um drástico processo de deflação e arrocho da economia interna.

Joaquim Duarte Murtinho, o ministro da Fazenda do governo Campos Sales, foi o administrador encarregado de atender às exigências dos banqueiros ingleses e alemães. Iniciou-se um processo de retirada de grandes quantidades de papel-moeda em circulação, que seria em seguida incinerado. Isso por si só acarretou uma rápida valorização da moeda nacional e uma inflexão dos valores cambiais, o que foi compensado pelo governo com um aumento excepcional das taxas de importação. Carente de recursos e necessitando restringir ao máximo as despesas públicas, Murtinho se entregou a uma política de atrozes consequências sociais: dispensa maciça de funcionários e operários, suspensão de serviços e de pagamentos, criação de novos impostos e majoração dos existentes. Surgem, assim, os impostos de consumo e do selo, que aumentam dramaticamente os custos de subsistência, atingindo em cheio a população mais pobre, já duramente castigada pelo desemprego e pela retração financeira. Irrompem os primeiros motins populares contra a política oficial, e o presidente torna-se o alvo do ódio e sarcasmo da população, que passa a chamá-lo de "Campos Selos".

Os setores mais duramente atingidos pela crise são justamente aqueles que ofereciam o maior volume de empregos nas cidades: a indústria, o comércio e os serviços públicos. A agricultura saiu-se como a grande beneficiária da política econômica federal, particularmente a cafeicultura. Fato que deixa claro o caráter parcial, prepotente e injusto da administração presidencial, que sobre uns jogara todo o peso dos sacrifícios e a outros distribuía as vantagens e os privilégios nascidos da agrura geral. A "política dos governadores", ajustada por Campos Sales, viria a consagrar essa situação política, desarticulando as possíveis oposições nos estados e garantindo o pleno apoio de que o presidente carecia no Congresso Nacional. Consolidava-se assim, mais do que o regime republicano, a hegemonia paulista.

Rodrigues Alves viria a ser a última e decisiva peça na construção dessa hegemonia. Data de seu governo o Convênio de Taubaté (1906), que definiu as políticas da alta artificial do câmbio e de financiamento da cafeicultura com recursos federais. Essas medidas trouxeram lucros prodigiosos aos fazendeiros paulistas, ao mesmo tempo que acarretaram o enfraquecimento e a estrangulação econômica do restante do país. Mas nem foi essa a principal iniciativa de Rodrigues Alves em favor dos interesses maiores de seus confrades fazendeiros de São Paulo (de resto, ele nunca foi pessoalmente favorável aos termos do Convênio de Taubaté). Desde cedo ele apregoou a plataforma de seu governo em termos aparentemente despretensiosos. Confessou ao médico responsável pela higiene pública na capital paulista, seu grande amigo Luís Pereira Barreto, quando embarcava no trem que o levaria para assumir a presidência da República no Rio de Janeiro: "O meu programa de governo vai ser muito simples. Vou limitar-me quase exclusivamente a duas coisas: o saneamento e o melhoramento do porto do Rio de Janeiro". Que tragédias indescritíveis se ocultavam, entretanto, por trás desse projeto supostamente modesto!

Vista da região portuária do Rio de Janeiro antes da remodelação promovida pela administração Rodrigues Alves.

Na realidade, não bastava que a nação estivesse pacificada sob o poder civil, como o conseguiu Prudente de Morais, ou que estivesse com as finanças recuperadas, conforme o esforço de Campos Sales, para que os capitais e recursos estrangeiros afluíssem abundantemente ao Brasil. Havia ainda outros obstáculos, e de igual monta, que entravavam o livre acesso dos estrangeiros ao nosso meio, e o dos nossos investidores aos recursos externos. O primeiro deles era, sem dúvida, o porto do Rio de Janeiro. Apesar de ser o porto mais importante do país, e o terceiro em movimento de todo o continente americano, ele apresentava ainda uma estrutura antiquada e restrita, absolutamente incompatível com a sua condição de polo energético e catalisador de toda a atividade econômica nacional. Os limites do cais e a pouca profundidade impediam a atracação dos grandes transatlânticos estrangeiros, que ficavam

ancorados ao largo, obrigando a um complicado, demorado e custoso sistema de transbordo das mercadorias e passageiros para embarcações menores.

Mas, uma vez transpostas as mercadorias para terra firme, os problemas continuavam. O espaço das docas era muito pequeno para armazenar os artigos que se destinavam ao mercado nacional, assim como ao internacional. Os produtos deveriam ser levados para os entroncamentos ferroviários, que ligavam o Rio de Janeiro aos quadrantes do país, em coordenação com a navegação de cabotagem. Mas as ruas da cidade ainda eram vielas coloniais, estreitas, tortuosas, escuras, com declives acentuadíssimos. O tráfego dos veículos que começavam a ser usados nessa atividade, como carroças, charretes e carrinhos de mão, se embaraçava nessa rede confusa de ruelas. Em suma, a cidade, com desenho e proporções coloniais, não era mais compatível com a função de grande metrópole que a atividade febril do porto lhe impingira. E de nada adiantaria reformar, ampliar e modernizar o porto, se a cidade continuasse tolhendo a possibilidade de movimentação das mercadorias com rapidez, desembaraço e em grande volume. Ou seja, o projeto de melhoramento do porto era indissociável de um outro, muito mais ambicioso, mais drástico e de terríveis consequências sociais: o de remodelação urbana do Rio de Janeiro.

Mas havia ainda um outro problema, em íntima conexão com esses dois primeiros. A cidade era foco endêmico de uma infinidade de moléstias: febre amarela, febre tifoide, impaludismo, varíola, peste bubônica, tuberculose, entre outras. Destas, a febre amarela e a varíola eram as que ceifavam o maior número de vidas. A febre amarela, em particular, manifestava toda a sua violência para com estrangeiros e migrantes de outros estados. Sua fama era internacional e tornava o Rio de Janeiro conhecido no exterior como "o túmulo dos estrangeiros". Por isso, as tripulações e passageiros nem se atreviam a descer dos navios quando estes chegavam ao porto: permaneciam a uma distância prudente, para evitar qualquer contágio.[2]

---

2 Como ilustram os versos do suíço Ferdinand Schmidt (1823-1888) sobre o clima do Rio de Janeiro durante o verão: *Rio de Janeiro! Na avançada/ Hora crepuscular repousas, já vencida,/ Aconchegada à sequência de montanhas,/ Desfalecendo, depois da fadiga quente do dia./ Agora, até que desponte a manhã,/ Até que os galos cantem sobre os tetos,/ A morte vai espiar as vítimas/ Que a sorte lhe reservou./ Oh! sombra, sobre a imagem encantada./ Cores escuras pousam sobre os campos e florestas,/ O mal da natureza paira, poderoso,/sobre a florida superfície tropical./ O poder supremo/ Deste Império não é de nenhum Herodes,/ No entanto é a terra da morte diária,/ Túmulo insaciável do estrangeiro.*

Largo da Sé, centro do Rio de Janeiro, 1909.

Ora, esse fato destoava agudamente das intenções oficiais. De que adiantaria reformar o porto e replanejar a cidade, se ninguém quisesse atracar no primeiro nem adentrar na segunda? Para que se pudesse consagrar efetivamente a campanha de atração de capitais, imigrantes, técnicos e equipamentos estrangeiros, seria igualmente indispensável proceder ao saneamento da cidade. Eis aí delineadas as três diretrizes básicas da administração de Rodrigues Alves, e o modo como ele procurava, por meio delas, articular os interesses paulistas e as finanças internacionais.

O presidente tinha plena consciência do alcance econômico de seu projeto administrativo para a cidade do Rio de Janeiro. Na sua primeira mensagem ao Congresso, a 3 de maio de 1903, declarou em tom categórico: "Os defeitos da capital afetam e perturbam todo o desenvolvimento nacional. A sua restauração no conceito do mundo será o início de uma vida nova, o incitamento para o trabalho na área extensíssima de um país que tem terras para todas as culturas e explorações remuneradas para todos os capitais". Essa é a linha da estratégia, portanto, por meio da qual os investimentos que se originam no Rio acabam repercutindo em última instância em São Paulo, em nome, muito embora, do conjunto dos interesses nacionais.

Liberado de maiores resistências pela folgada maioria que lhe garantia a "política dos governadores", armada previamente por Campos Sales, Rodrigues Alves lançou-se à ação com uma energia que não admitia embaraços, e ele nem estava disposto a respeitar os protestos dos que tinham seus interesses atingidos por seu frêmito transformador. Assim, a Lauro Müller, ministro da Indústria, Viação e Obras Públicas, é atribuído o encargo de reforma do porto, com poderes e recursos discricionários. A lei orçamentária de 30 de dezembro de 1902 viria, de fato, dotar o Ministério da Viação de vultosos recursos destinados às obras de reestruturação e expansão do porto. Além de modernizar o cais já existente, havia o plano de alargar as instalações portuárias da Prainha, passando pela praia de São Cristóvão, até a ponta do Caju. A mesma lei autorizava a emissão de títulos com vistas à ampliação do capital destinado a um investimento tão portentoso. Liberava, também, todo e qualquer empréstimo que viesse a ser concertado pelas empreiteiras encarregadas das obras, em quaisquer termos e com quaisquer agências de crédito. E, ato final nessa licença de gastos sem limites, anuía ainda às demolições e a construção de obras paralelas ao cais, circunvizinhas ou conectadas às instalações portuárias, que garantissem a estocagem e a livre e rápida circulação das mercadorias intercambiadas.

Era por esse flanco da lei que entravam os projetos de transfiguração urbana como extensão imprescindível das reformas do porto. Eis como a circulação das mercadorias redefine o circuito dos cidadãos e o planejamento econômico interfere na política social. É o que ressalta dos objetivos da comissão encarregada das obras do porto, conforme relatório de 30 de abril de 1903:

TODAS AS VANTAGENS, ENTRETANTO, DESTA ORGANIZAÇÃO SERÃO prejudicadas se, ao mesmo tempo, não forem tomadas providências para a fácil comunicação entre a avenida do porto e as ruas centrais da cidade; o que, aliás, já o Congresso em sua sabedoria previu, autorizando o governo a fazer, fora do cais, as obras que forem necessárias para o tráfego das mercadorias. A grande avenida [avenida Rodrigues Alves], ao desembocar no largo da Prainha, só encontraria para seu escoadouro as estreitas ruas e vielas que hoje existem, e nas quais basta a parada de um veículo, para descarga ou por qualquer incidente, para que toda a circulação se paralise. É, pois, indispensável que se elimine tão grande tropeço, prolongando-se a avenida através da cidade e pondo-a em comunicação com todas as ruas do centro comercial, muitas das quais terão de ser naturalmente alargadas no futuro. Esta avenida central já foi por V. Exa. indicada e adotada pela comissão, [...] o que constituirá um valiosíssimo melhoramento, quer para facilidade de comunicações, quer para o embelezamento e salubridade da cidade.

E dessa avenida Central, desse embelezamento e dessa salubridade, ficou encarregado o engenheiro Francisco Pereira Passos, indicado por Rodrigues Alves para assumir o cargo de prefeito do Distrito Federal. Sabendo da extensão avultada das demolições e das obras que deveria executar, do ritmo desenfreado em que deveria implementá-las, e prefigurando as resistências e reações populares inevitáveis, Passos exigiu plena liberdade de ação para aceitar o cargo, sem estar sujeito a embaraços legais, orçamentários ou materiais.

Rodrigues Alves lhe concedeu então carta branca por meio da lei de 29 de dezembro de 1902, que criava um novo estatuto de organização municipal para o Distrito Federal. A lei era equívoca, arbitrária e visivelmente anticonstitucional, atribuindo poderes tirânicos ao prefeito e retirando qualquer direito de defesa à comunidade. Eis a avaliação que dela fez Afonso Arinos de Melo Franco (1868-1916), jurista eminente, biógrafo de Rodrigues Alves e entusiasta de sua administração, mas a quem não escapou o caráter espúrio dessa lei:

COMEÇAVA POR ADIAR POR SEIS MESES AS ELEIÇÕES PARA A CÂMARA Municipal, o que vinha deixar ao prefeito, desde logo, as mãos livres de qualquer algema oposicionista. O artigo 3º declarava que, nos recessos da Câmara, "o prefeito administraria e governaria o distrito de acordo com as leis municipais em vigor", isto é, com ela própria, a lei nova, que superava as posturas locais. O artigo 16, de constitucionalidade duvidosa, dispunha que as autoridades judiciárias, federais ou locais, não poderiam "revogar as medidas e atos administrativos, nem conceder interditos possessórios contra atos do governo municipal, exercidos *ratione imperii* [por razões imperativas]". Era impedir a ação da justiça na apreciação das reclamações dos particulares. O artigo 18 acabava com qualquer controle ou adiamento burocrático [...]. Assim a aplicação da legislação excepcional poderia fundar-se em autos lavrados, nos locais, pelos representantes do governo da cidade, sem qualquer possibilidade de contestação, ainda mesmo sobre os fatos alegados. O artigo 23 completava a disposição, pois, segundo ele, quando se tratasse de demolição, despejo, interdição e outras medidas, haveria apenas um auto afixado no local, que previa penalidades contra as desobediências. Daí vieram os numerosos casos de demolição, com as famílias recalcitrantes ainda dentro dos prédios. O artigo 24 fazia tábua rasa do direito processual. Por ele consideravam-se "embargadas" (sem intervenção do Poder Judiciário) as obras em curso, nas quais fosse afixado edital da prefeitura, determinando aquela providência. O artigo 25 dispunha que o despejo dos residentes nos prédios a serem demolidos, bem como a remoção dos respectivos móveis e pertences, seriam feitos pela polícia. Completando o sistema de exceção, o artigo 26 estabelecia que os assentamentos nos livros das repartições municipais, sobre transferências de imóveis para os fins da lei, valeriam como escritura pública, independentemente da outorga uxória e da transcrição do título. Aí já não era mais o direito processual que ficava em causa, mas o direito civil. E mesmo o constitucional, pois seria extremamente duvidoso que se pudesse estabelecer uma tão grande diferença no regime de bens [...] entre os proprietários do Distrito Federal e os de todo o resto do país, os quais continuariam sujeitos à legislação civil comum.

Esse regimento instituiu o que foi, então, popularmente denominado a "ditadura Passos". A capital federal e a sua população foram submetidas, sem nenhuma consulta ou esclarecimento, a uma lei de exceção. E não havia recursos com que reagir: era submeter-se incondicionalmente à vontade dos mandatários. A oposição parlamentar logo prognosticou os desastres que poderiam advir dessa situação. Rui Barbosa expressava os pressentimentos mais tenebrosos quando alertou a elite política em discurso de outubro de 1903: "Digo que, com a faculdade de regular o policiamento, o trânsito, o armamento, o embelezamento, a irrigação, os esgotos, o calçamento e a iluminação, enfeixando nas mãos de um só homem essa autoridade, ele poderá ser senhor absoluto desta capital, um ditador insuportável, poderá criar para todos os seus habitantes uma situação intolerável de opressão e de vexames". O preço dessa violação, já o sabemos, foi muito maior do que os seus responsáveis imaginaram pagar, e muito mais lancinante do que suas vítimas imaginavam sofrer.

Quanto à campanha pela erradicação das endemias, os mesmos fatos se repetem. Convidado para assumir a coordenação dos esforços de desinfecção e profilaxia da capital, Osvaldo Cruz impõe igualmente condições severas ao presidente, conforme nos relata o repórter do *Jornal do Comércio,* presente ao encontro decisivo dos dois personagens. Exige o médico: "Preciso de recursos e da mais completa independência de ação. O governo me dará tudo de que necessite, deixando-me livre na escolha de meus auxiliares, sem nenhuma interferência política". Ato contínuo, Rodrigues Alves acata o requisito autoritário do cientista e o nomeia diretor-geral de Saúde

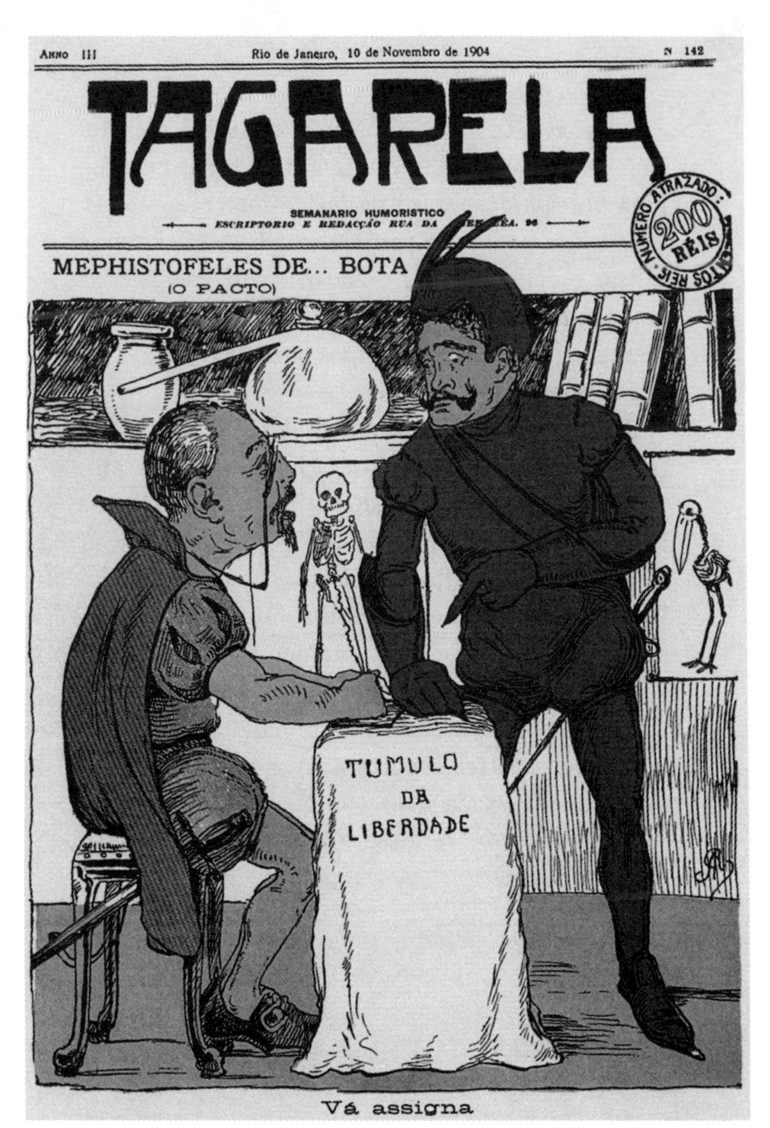

Capa do semanário *O Tagarela* de novembro de 1904.

Pública, com plenos poderes amparados pelo domínio federal. Atribuição igualmente equívoca, refugada pela desfeita popular sob o epíteto bizarro de "ditadura sanitária".

Encarregando-se primeiramente da erradicação da febre amarela, o governo se utiliza de sua maioria para obter a aprovação da lei de março de 1904. Esse instrumento lhe permite invadir, vistoriar, fiscalizar e demolir casas e construções. Estabelece, ainda, um foro próprio, dotado de um juiz especialmente nomeado para dirimir as questões e dobrar as resistências.

Ficam vedados os recursos à justiça comum. A lei de regulamentação da vacina obrigatória, em novembro desse mesmo ano, viria a ampliar e fortalecer essas prerrogativas, colocando toda a cidade à mercê dos funcionários e policiais a serviço da Saúde Pública. Se alguém escapara dos furores demolitórios de Lauro Müller e do prefeito Pereira Passos, não teria mais como escapulir aos poderes inquisitoriais de Osvaldo Cruz. A ameaça deu lugar ao gesto concreto e sensível da opressão. O pesadelo tornou-se realidade. Nada mais natural, portanto, que a população inerme reagisse, transformando a realidade em pesadelo.

3
O processo de segregação: agonia

Um empenho coletivo os agitava agora, a todos, numa solidariedade briosa, como se ficassem desonrados para sempre se a polícia entrasse ali pela primeira vez. [...] tratava-se de defender a estalagem, a comuna, onde cada um tinha a zelar por alguém ou alguma coisa querida.

ALUÍSIO AZEVEDO, *O cortiço*

As condições de vida vinham se degradando inexoravelmente na cidade do Rio de Janeiro, nesse período de transição do século XIX para o século XX, e do Império para a República. O espaço urbano acanhado, todo entremeado de morros e áreas pantanosas, mal se prestava à acomodação de uma cidade de dimensões médias. A capital do país passaria nesse momento, entretanto, por um processo vertiginoso de metropolização, com a população crescendo pasmosamente de 522.651 habitantes, em 1890, para 1.157.873 habitantes em 1920.

Barracão de madeira da estalagem nos fundos dos números 12 a 41 da rua do Senado, 27 de março de 1906.

Inúmeros fatores colaboraram para a definição desse crescimento tão prodigioso na sua escalada quanto crítico nas suas consequências. O refluxo para o Rio de Janeiro das pessoas egressas de fazendas arruinadas no vale do Paraíba após a lei da Abolição, as miríades de migrantes internos atraídos pela febre fiduciária do Encilhamento e pelas promessas do que se apresentava concretamente como o maior mercado de trabalho, comercial, industrial e de serviços do país; além, é claro, dos grandes contingentes de imigrantes estrangeiros despejados anualmente naquele porto, atraídos pela avidez infrene dos cafeicultores e empurrados pela desventura implacável da própria miséria.

Como puderam esses magotes de gente inquieta e sobressaltada com a incerteza do seu destino somar-se a uma população local já excessivamente volumosa e ajustar-se aos estreitos limites físicos da cidade? A enorme pressão por habitações levou os proprietários dos grandes casarões imperiais e coloniais, que ocupavam o Centro da cidade, a redividi-los internamente em inúmeros cubículos, por meio de tabiques e biombos, os quais eram então alugados para famílias inteiras. Assim, transformados em imensos pardieiros, esses casarões acomodavam a maior parte da população urbana e transformavam a região central num torvelinho humano, que pululava penoso e irrequieto desde as primeiras horas da manhã, na luta por oportunidades de sustento cada vez mais escassas. A reforma financeira de Campos Sales, conforme já vimos, foi um verdadeiro flagelo para essa gente: os preços dispararam, os custos foram agravados e os empregos minguaram. As agitações já começavam a rumorejar nesse momento, mas o pior, o inefável, somente se esboçava nos gabinetes oficiais.

É claro que essa efervescência tumultuária latente, eventualmente explícita e alarmante, vinha comprometer os melhores planos da elite governamental. Por um lado, era o aumento da insegurança pessoal que desassossegava quem quer que tivesse algo a perder. A imprensa trovejava reprimendas ao governo pela sua inépcia diante do aumento da criminalidade urbana. A crônica policial ganhava espaços cada vez maiores com a descrição enraivecida do aumento escalonado dos roubos, assaltos, arrombamentos, homicídios, assim como da vadiagem, da prostituição, da mendicância e do alcoolismo. Mas muito pior era a insegurança social que essa situação engendrava, visto que era essa população miúda e turbulenta que dominava efetivamente o centro da cidade. Concentrada na zona central, mas dispersa pelo sem-número de ruelas, becos e cubículos, ela se mantinha arredia ao zelo onividente da polícia e sentia mais claramente a força temível que representava, como massa humana transbordando de um espaço tão exíguo.

Ademais da população em si mesma, outros lhe reconheciam a força e o poder. Em primeiro lugar, o próprio governo, acantonado no Catete, mas sujeito a um assédio constrangedor a cada agitação da massa urbana. Suas várias repartições, instalações e serviços, espalhados pela cidade, eram extremamente vulneráveis aos assaltos da turba enfurecida, expondo formas fáceis e seguras de se atingir o governo. Isso tudo ficou claro nos motins do período de Campos Sales e assumiria feições dramáticas, como vimos, durante a Revolta da Vacina. Havia, ainda, um outro grupo que aprendeu logo a avaliar as potencialidades dessa situação: a oposição política aos governos civis dos paulistas.

As várias facções políticas em que se dividia essa oposição deram-se conta do enorme grau de dificuldades e transtornos que causavam ao governo, incitando a turbulência da massa instável e dirigindo todo o rancor oriundo do seu mal-estar contra as representações concretas e simbólicas do poder vigente. Atitude altamente inconsequente, pois o ódio popular, nos limites de sua extensão, se voltaria contra eles mesmos, que, na realidade, representavam também uma das dimensões da elite governante. Mas os motins populares eram uma arma fortíssima e eles nunca deixaram de usá-la, apesar dos riscos que corriam. Sua outra arma decisiva era constituída pelos quartéis das zonas periféricas, sempre dispostos a se amotinarem. O grande objetivo das oposições sempre foi conjugar a arma interna com a externa e assestá-las contra o seio do Estado, prevendo que o impacto seria fatal. Foi o que fizeram desastradamente em novembro de 1904, provocando uma tragédia de amplitude patética.

Ora, quando o governo de Rodrigues Alves desencadeou sua maré de reformas, uma das intenções não anunciadas, mas fáceis de prever, foi justamente a conjuração do perigo permanente a que o Estado estava sujeito. De fato, essa era uma preocupação altamente coerente com a estratégia política dos governos civis, cujo intuito maior, pelo que vimos, era exibir ao mundo desenvolvido a imagem de uma nação próspera, civilizada, ordeira e dotada de instituições sólidas, a imagem de um Estado consolidado e estável. Nesse caso, seria uma contradição flagrante e desarmaria quaisquer argumentos diplomáticos a simples existência na capital do país de uma multidão indômita, composta de aventureiros, mestiços, negros e imigrantes pobres, que ao primeiro grito de motim forravam a cidade de barricadas e punham em xeque as forças do governo.

Foi basicamente essa a razão que levou o governo francês a propor o replanejamento urbano de Paris, encarregando o barão Haussmann de abrir amplos *boulevards* e avenidas, que impedissem a população de tomar a cidade de assalto, se protegendo por trás de um cinturão de barricadas e enfrentando violentamente a polícia. As ruelas estreitas e o calçamento de pedras constituíram o cenário imprescindível aos vários motins, revoltas e Comunas de Paris –, os planejadores urbanos logo o perceberam. As avenidas amplas e asfaltadas tornavam as barricadas praticamente inviáveis e davam total liberdade de ação à força policial. Não parece, pois, muito casual o fato de o engenheiro encarregado da reforma do Rio de Janeiro ter sido justamente o prefeito Pereira Passos, que esteve em Paris e acompanhou de perto a ampliação do novo projeto urbanístico da cidade. Pode-se deduzir, portanto, que a transformação do desenho urbano da capital obedeceu a uma diretriz claramente política, que consistia em deslocar aquela massa temível do centro da cidade, eliminar os becos e vielas perigosos, abrir amplas avenidas e asfaltar as ruas. E, com efeito, a medida mostrou-se adequada: a Revolta da Vacina foi o último motim urbano clássico do Rio de Janeiro. Se o remédio foi eficaz, o diagnóstico foi exemplar.

O processo de reforma urbana foi saudado com entusiasmo pela imprensa conservadora, que a denominou de "Regeneração". Essa era a voz dos beneficiários do replanejamento, aqueles que herdariam, para o seu impávido desfrute, um espaço amplo, controlado e elegante, onde antes não podiam circular senão com desconforto e sobressalto.

As vítimas são fáceis de identificar: toda a multidão de humildes, dos mais variados matizes étnicos, que constituíam a massa trabalhadora, os desempregados, os subempregados e os aflitos de toda espécie. A ação do governo não se fez somente contra os seus alojamentos: suas roupas, seus pertences, sua família, suas relações vicinais, seu cotidiano, seus hábitos, seus animais, suas formas de subsistência e de sobrevivência, sua cultura. Tudo, enfim, é atingido pela nova disciplina espacial, física, social, ética e cultural imposta pelo gesto reformador. Gesto oficial, autoritário e inelutável, que se fazia, como já vimos, ao abrigo de leis de exceção que bloqueavam quaisquer direitos ou garantias das pessoas atingidas. Gesto brutal, disciplinador e discriminador, que separava claramente o espaço do privilégio e as fronteiras da exclusão e da opressão.

À determinação com que foram conduzidas as demolições, o popularmente chamado *bota-abaixo*, pode-se acrescentar, em alguns casos, o empenho da desforra. Vimos na página 33 o relato de Sertório de Castro sobre os tumultos que desencadearam a repressão à Revolta. Ali o jornalista registra a provocação ao chefe de polícia quando passava em frente à Maison Moderne. O jornalista Vivaldo Coaracy (1882-1967) nos descreve o que era a Maison Moderne e qual foi seu destino:

FOI SEMPRE O LARGO DO ROSSIO [ATUAL PRAÇA TIRADENTES] o local procurado para as casas de espetáculo. [...] No começo do século corrente, foi o [Teatro de] Variedades transformado em café-concerto, o Moulin Rouge, que se tornou durante certo tempo o ponto de reunião noturna da *jeunesse dorée.*

Era a época em que floresciam viçosos no Rio de Janeiro cafés-concerto, cafés-cantantes, cabarés de todas as categorias e classes. [...]

Logo adiante do Moulin Rouge, na esquina da rua Espírito Santo, ficava a Maison Moderne [...]. Era um parque de diversões, o que hoje se chamaria um "mafuá", com galeria de tiro ao alvo, roda-gigante, montanha-russa, carrossel, cabeça-de-turco, e todos os mais apetrechos comuns a esse gênero de estabelecimentos. No fundo, um pequeno palco para o café-cantante. Parte ao ar livre, parte sob cobertura. Mesas espalhadas pelo "parque" em que eram servidas cervejas e outras bebidas. Frequência muito popular. Já naquela época, era um escarro no centro da cidade.

Dos planos de remodelação urbana, que Pereira Passos punha em execução, fazia parte a limpeza do largo do Rossio, que dela muito precisava. Material e moral. A Maison Moderne estava condenada. Não só pelas suas condições de pardieiro como para o alargamento da rua do Espírito Santo. Pascoal [o proprietário] apelou para a chicana. Obteve um mandado judicial que lhe assegurava provisoriamente a posse do seu parque de diversões. [...] Passos mantinha-se imperturbável. Ao soar da meia-noite do dia em que expirava o mandado da Justiça, quando terminava a função, os trabalhadores da Prefeitura, em número de umas duas centenas, armados de marretas e picaretas, sob a direção pessoal do prefeito, assaltaram a Maison Moderne. Ao romper da alva não restava pedra sobre pedra.[1]

---

1 *Memórias da cidade do Rio de Janeiro*. Rio de Janeiro: José Olympio, 1965.

O prefeito Pereira Passos (no centro) entre populares em inauguração de obra da reforma urbana.

A ação reformadora da Regeneração é draconiana e implacável. Atentemos para a descrição do historiador Edgard Carone:

> O prefeito age livremente durante o período de plenos poderes. Daí tomar apressadamente medidas complementares e fundamentais: proíbe que os bandos de vaca percorram as ruas da cidade; proíbe o comércio de bilhetes de loteria; baixa regulamentos para a Diretoria de Higiene e Assistência Pública e fixa a sua verba; assina um regulamento sobre infrações de posturas e leis municipais; regula a construção e consertos de prédios; proíbe que os mendigos perambulem pela cidade; cria serviços de turmas que percorrerão as ruas da cidade, acompanhadas de um ou mais caminhões de limpeza pública. As visitas domiciliares serão feitas sistematicamente em todas as habitações e daí, tudo quanto for encontrado no seu interior, que

seja julgado prejudicial à higiene, será incontinente "removido para aqueles carros". Posteriormente, lança a campanha pela extinção dos cães vadios.[2]

Perseguição às vacas, mendigos, cães, tudo revela um horror da autoridade ao que não é estável, fixo, imediatamente controlável. As visitações policiais e apreensões já dão o tom do terrorismo da autoridade, que prepara o clima da revolta final.

A febre das demolições viria a completar esse quadro das violências do poder público. A descrição do pesquisador Jaime Larry Benchimol é bastante reveladora da sua extensão:

> Uma comissão nomeada pelo ministro da Justiça e do Interior em 1905, quando estavam em curso as obras de Pereira Passos, constatou que, até aquela data, a administração municipal e da Saúde Pública haviam demolido cerca de seiscentas habitações coletivas e setecentas casas, privando de teto pelo menos 14 mil pessoas. Centenas de outras famílias foram desalojadas, desde então, e não só pelas demolições ostensivas da prefeitura ou do governo federal: a especulação com o solo, feita pelas companhias de bondes, de serviços públicos e de loteamentos, com o patrocínio dos poderes públicos; os novos impostos que acompanhavam o fornecimento de serviços como iluminação elétrica, calçamentos, esgotos; as posturas municipais estabelecendo normas arquitetônicas para as construções, proibindo o exercício de determinadas profissões, ou a criação de animais domésticos, indispensáveis para a

2 Carone, *A República Velha, evolução política*.

subsistência alimentar das classes trabalhadoras – tudo isso atuava como poderosa força segregadora.[3]

A enorme pressão por imóveis, devida tanto às demolições das zonas central e portuária quanto à especulação, empurrou as populações humildes para a periferia da cidade, ou para os bairros mais distantes e degradados, onde se alojavam em condições subumanas a preços exorbitantes. Desenvolvem-se, assim, os cortiços, as casas de cômodos ou "zungas", onde o que se alugava era apenas uma esteira, disposta num salão aberto, em que se aboletavam dezenas de pessoas, em total promiscuidade, sem nenhum recurso higiênico ou sanitário. Regiões desvalorizadas, por serem impróprias para construções, como os morros e os mangues, começam a forrar-se de casebres construídos de tábuas de caixas de bacalhau, cobertas com latas de querosene desdobradas, igualmente sem nenhuma forma de higiene e sem água corrente. Alguns desses casebres abrigavam várias famílias. Para essa espécie de periferia insalubre é que iriam se transferir as doenças e endemias expulsas, junto com os humildes, do centro da cidade destinado a tornar-se sadio, ordeiro, asseado e exclusivamente burguês.

O aspecto extremo dessa agonia social estava reservado para as hospedarias baratas, onde passavam a noite aqueles que nem sequer podiam alugar um quarto numa "casa de cômodos". João do Rio descreve uma visita a uma "zunga", em plena madrugada, em companhia das autoridades:

---

3 Benchimol, *Pereira Passos: um Haussmann tropical. A renovação urbana da cidade do Rio de Janeiro.*

E COMEÇAMOS A VER O RÉS DO CHÃO, SALAS COM CAMAS ENFILEIRADAS como nos quartéis, tarimbas com lençóis encardidos, em que dormiam de beiço aberto, babando, marinheiros, soldados, trabalhadores de face barbada. [...]

O segundo andar:

Trepamos todos por uma escada íngreme. O mau cheiro aumentava. Parecia que o ar rareava e, parando um instante, ouvimos a respiração de todo aquele mundo como o afastado resfolegar de uma grande máquina. Era a seção dos quartos reservados e a sala das esteiras. Os quartos estreitos asfixiantes, com camas largas antigas e lençóis por onde corriam percevejos. A respiração tornava-se difícil. [...] Alguns desses quartos, as dormidas de luxo, tinham entrada pela sala das esteiras, em que se dorme por oitocentos réis, e essas quatro paredes impressionavam como um pesadelo. Completamente nua, a sala podia conter trinta pessoas, à vontade, e tinha pelo menos oitenta nas velhas esteiras atiradas ao assoalho. [...]

Havia com efeito mais um andar, mas quase não se podia lá chegar, estando a escada cheia de corpos, gente enfiada em trapos, que se estirava nos degraus, gente que se agarrava aos balaústres do corrimão – mulheres receosas da promiscuidade, de saias enrodilhadas. Os agentes abriam caminho, acordando a canalha com a ponta dos cacetes. Eu tapava o nariz. A atmosfera sufocava. Mais um pavimento e arrebentaríamos. [...] Já não havia divisões, tabiques, não se podia andar sem esmagar um corpo vivo. A metade daquele gado humano trabalhava; rebentava nas descargas dos vapores, enchendo os paióis de carvão, carregando fardos. Mais uma hora e acordaria para esperar no cais os batelões que a levassem ao cepo do labor, em que empedra o cérebro e rebenta os músculos.

Grande parte desses pobres entes fora atirada ali, no esconderijo daquele covil, pela falta de fortuna. Para se livrar da polícia, dormiam sem ar, sufocados, na mais repugnante promiscuidade [...]

Desci. Doíam-me as têmporas. Era impossível o cheiro de todo aquele entulho humano.[4]

4 "Sono calmo", *Gazeta de Notícias*, Rio de Janeiro, 10 jun. 1904. Republicado em *A alma encantadora das ruas*.

A população pobre assistia à fúria avassaladora desse processo de segregação entre atônita e irada. O cronista de um tabloide anarquista, *O Libertário*, comentava assim a inauguração da avenida Central, que o governo consagrou com uma festa estrepitosa e monumental: "É vicioso dizer ao operário consciente o que foi o trabalho da grande artéria: uma miserável exploração do trabalhador inconsciente e passivo. Era de ver todas as noites, antes da inauguração, dezenas de homens, movendo-se à luz de lâmpadas elétricas, num trabalho fatigante até pela manhã, por um miserável e ridículo salário".

Ficava muito claro para que e para quem era inaugurada aquela avenida e às custas de quais sacrifícios e sacrificados. A mesma percepção reaparece no comentário às festividades da entrada da primavera, que passaram a ser as cerimônias mais concorridas da burguesia, desde que esta se apossara do centro reurbanizado da cidade: "E a grande batalha de flores. Que grossa folia! Que deslumbramento, que beleza! Muito gozou a burguesia na tarde de 25 na sua festa elegante. E o pobre e imbecil povo, expulso do jardim cujo custeio paga, viu-se corrido com o único recurso de *espiar* de fora a festança dos parasitas. Um observador atento teria visto que o povo atrás daquelas grades tinha uma fisionomia idiota".

A imagem da grade é fundamental. Nesse período seriam reformadas, modernizadas e ampliadas as instalações presidiárias, penitenciárias, os manicômios e hospitais públicos. São grades que se somam às dos parques e jardins urbanos e que se destinam ao mesmo fim: conter, isolar, segregar, excluir. Não foi a velha cidade que desapareceu; foi uma outra, totalmente nova, que foi imposta no meio dela; cidade de prazeres, luxo e abundância, composta de palácios refinados, recobertos de verniz, mármore e cristal, cujo acesso era vedado aos membros da comunidade original. A Regeneração significou um processo tétrico de segregação, inculcado num prazo curtíssimo, de elevado custo social, humano e econômico, e intransigente em todos os aspectos. Seus responsáveis foram aumentando numa escala crescente a dose de opressão e humilhação infligida à população desamparada, como que a testar os limites de sua resistência.

Os partidários da oposição política ao governo podiam manifestar a presunção de ter feito "chegar o fogo à mecha para o incêndio da mina", como arrogava Lauro Sodré. Mas o fato é que quando a revolta irrompe, não tem partido, não tem plataforma, nem objetivos explícitos. Lima Barreto o percebeu claramente:

> O motim não tem fisionomia, não tem forma, é improvisado. Propaga-se, espalha-se, mas não se liga. O grupo que opera aqui não tem ligação alguma com o que tiroteia acolá. São independentes; não há um chefe geral nem um plano estabelecido. Numa esquina, numa travessa, forma-se um grupo, seis, dez, vinte pessoas diferentes, de profissão, inteligência e moralidade. Começa-se a discutir, ataca-se o Governo; passa o bonde e alguém lembra: vamos queimá-lo. Os outros não refletem, nada objetam e correm incendiar o bonde.

A revolta não visava o poder, não pretendia vencer, não podia ganhar nada. Era somente um grito, uma convulsão de dor, uma vertigem de horror e indignação. Até que ponto um homem suporta ser espezinhado, desprezado e assustado? Quanto sofrimento é preciso para que um homem se atreva a encarar a morte sem medo? E quando a ousadia chega a esse ponto, ele é capaz de pressentir a presença do poder que o aflige nos seus menores sinais: na luz elétrica, nos jardins elegantes, nas estátuas, nas vitrines de cristal, nos bancos decorados dos parques, nos relógios públicos, nos bondes, nos carros, nas fachadas de mármore, nas delegacias, nas agências de correio e nos postos de vacinação, nos uniformes, nos ministérios e nas placas de sinalização. Tudo que o constrange, o humilha, o subordina e lhe reduz a humanidade. Eis os seus alvos, eis o que desperta sua revolta, e o seu objetivo é assumir e afirmar, ainda que por um gesto radical, ainda que por uma só e última vez, a sua própria dignidade. O resto é a agonia e o silêncio, como bem o percebeu uma das mais delicadas vítimas da violência discriminatória, o poeta Cruz e Sousa:

> Silêncio para o desespero insano,
> O furor gigantesco e sobre-humano,
> A dor sinistra de ranger os dentes!

Aspectos da avenida Central durante a sua construção e recém-concluída.

4
A repressão administrativa: terror

O governo diz que os oposicionistas à vacina, com armas na mão, são vagabundos, gatunos, assassinos, entretanto ele se esquece de que o fundo dos seus batalhões, dos seus secretas e inspetores, que mantêm a opinião dele, é da mesma gente.

LIMA BARRETO, *Diário íntimo*

Um dos aspectos que mais chamam a atenção no contexto da Revolta da Vacina é o caráter particularmente drástico, embora muito significativo, da repressão que ela desencadeou sobre as vastas camadas indigentes da população da cidade. Deparamos aqui com um exemplo chocante de crueldade e prepotência, que entretanto nos permite definir com clareza algumas das coordenadas mais expressivas da história social da Primeira República. Iniciemos este relato com um registro de Lima Barreto no seu *Diário íntimo*:

> *Eis a narrativa do que se fez no sítio de 1904. A polícia arrepanhava a torto e a direito pessoas que encontrava na rua. Recolhia-as às delegacias, depois juntava na Polícia Central. Aí, violentamente, humilhantemente, arrebatava-lhes os cós das calças e as empurrava num grande pátio. Juntadas que fossem algumas dezenas, remetia-as à Ilha das Cobras, onde eram surradas desapiedadamente. Eis o que foi o Terror do Alves; o do Floriano foi vermelho; o do Prudente, branco, e o Alves, incolor, ou antes, de tronco e bacalhau* [*chicote*].

Essa repressão brutal e indiscriminada não se restringiu aos dias que se sucederam imediatamente ao término do motim. Segundo denúncia de Barbosa Lima na Câmara, ela se arrastou tragicamente "por dias, por meses". Lima Barreto o confirma, anotando em seu diário que "trinta dias depois, o sítio é a mesma coisa. Toda a violência do governo se demonstra na Ilha das Cobras. Inocentes vagabundos são aí recolhidos, surrados e mandados para o Acre".

A violência policial se distingue não só pela sua intensidade e amplitude, mas sobretudo pelo seu caráter difuso. Não importava definir culpas, investigar suspeitas ou conduzir os acusados aos tribunais. O objetivo parecia ser mais amplo: eliminar da cidade todo o excedente humano potencialmente turbulento, fator permanente de desassossego para as autoridades.

Os alvos da perseguição policial não eram aqueles indivíduos que comprovadamente tinham tido alguma participação nos distúrbios, mas sim, genericamente, todos os miseráveis, carentes de moradia, emprego e documentos, que eram milhares, e cuja única culpa era viverem numa sociedade caótica e serem vítimas de uma situação crônica de desemprego e crise habitacional que a própria administração pública havia desencadeado.

A rigor, no contexto do processo da Regeneração, livrar a cidade desse “entulho humano” representava uma extensão da política de saneamento e profilaxia definida pelo projeto de reurbanização. Pelo menos, é o que se depreende das palavras do chefe de polícia, comandante dessa operação, que a caracteriza como uma operação de limpeza, falando em varrer as ruas infestadas:

> *Basta lembrar, tão agudo, intenso e extenso foi o mal, que a autoridade se julgou obrigada a pedir aos cidadãos pacíficos, aos homens de trabalho, [que] se recolhessem às habitações para que as ruas pudessem ser varridas, pelo emprego de medidas extraordinárias, dos elementos vivos de destruição e de morte que as infestavam, dominando-as com as armas homicidas. Cogitou-se mesmo de sufocar a desordem a metralha.*

Quem ouvisse poderia imaginar que se tratava de uma operação de extermínio de ratos, mas tratava-se de seres humanos desamparados e desesperados. As palavras finais do chefe de polícia não escondem sequer o impulso homicida e genocida que palpitava por trás daquela operação. Pouco antes, de fato, a campanha de saneamento havia desencadeado o processo de exterminação dos ratos, transmissores da peste bubônica e dos mosquitos, agentes de transmissão da febre amarela, assim como a eliminação das pocilgas, pauis e depósitos de detritos. Ora, o chefe da polícia, nesse relatório que citamos, compara os participantes da revolta ao resíduo, à sujeira infecta que tem de ser evacuada e suprimida, ao

Quiosque no Largo do Depósito, na zona portuária do Rio de Janeiro, 1911.

referir-se a eles como "o pessoal habituado ao crime, o rebotalho ou as fezes sociais". A expressão nem um pouco edificante é altamente reveladora da mentalidade que planejou a repressão e do campo simbólico em que a incluiu, visando legitimá-la.

Eis, na opinião do comandante da força policial, quem eram os participantes da insurreição e quais os seus desígnios.

Aqui e ali, em vários pontos, pode-se dizer que simultaneamente, ao mesmo tempo, bandos de indivíduos educados na escola do vício e da malandragem, afeitos ao crime, vagabundos, desordeiros profissionais, malfeitores dos mais perigosos, a que se juntaram mulheres da mais baixa condição, ébrias e maltrapilhas, obedecendo uns e outras, evidentemente, a um sinistro plano da Maldade, em cumprimento de ordens que deveriam ser executadas à risca, cometiam toda a sorte dos mais graves atentados...

Curiosamente, o presidente da República, no relato que transcreveu sobre os acontecimentos, também define a população insurgente como sendo composta de "desordeiros e desclassificados de toda espécie".

Já para Lima Barreto, essa composição era variada, incluindo "pessoas diferentes, de profissão, inteligência e moralidade". Atente-se bem: pessoas de profissões diferentes. Logo, segundo o notável escritor, descomprometido da repressão, que até procurou se evadir dela, evitando sair de casa para suas andanças cotidianas, não se tratava de um movimento exclusivamente de desocupados e transgressores contumazes da lei, como pretendiam as fontes oficiais. Certamente, inúmeros desocupados participaram do motim, como não poderia deixar de ser numa cidade com elevadíssima taxa de desemprego estrutural, que arrastava grande parte de sua população para a condição humilhante de vadios compulsórios. Mas já destacamos como vários estratos sociais tiveram participação massiva e marcante no conjunto do movimento. O mesmo Lima Barreto nos esclarece ainda mais sobre essa participação diferenciada na revolta. "Havia a poeira de garotos e moleques; havia o vagabundo, o desordeiro profissional, o pequeno-burguês, empregado, caixeiro e estudante; havia emissários de políticos descontentes. Todos se misturavam, afrontavam as balas..."

As fontes oficiais insistiam em denegrir e descaracterizar os participantes da revolta, certamente a fim de ocultar o fracasso político que significaria admitir que a maioria da população se rebelou contra sua autoridade. Mas havia ainda um motivo mais insidioso. Menosprezando desse modo a população rebelde, o governo abria caminho para a legitimação do movimento repressivo que só encontrava no motim um mero pretexto, pois de outra forma jamais se justificaria aos olhos de quem quer que fosse.

A insurreição popular prestou-se como alegação providencial para dar curso às medidas que a reurbanização e o saneamento exigiam. Os relatórios das autoridades visavam mais referendar os procedimentos policiais e administrativos em andamento do que recompor a exatidão dos fatos transcorridos durante a refrega. O compromisso das estruturas burocráticas, como se sabe, sempre foi com a rotina do desempenho das repartições e não com a verdade. Ou, por outra, a sua é uma verdade burocrática, válida por estatuto, como outra postura administrativa qualquer.

Nesse sentido, a autoridade policial estigmatizou a revolta com um veredicto implacável: "Obra satânica, uma empreitada de demônios". Ou ainda, "[...] uma revolta que, se vitoriosa fosse, seria, nem há contraditar, a maior das calamidades nacionais, o retrocesso à barbaria". Quanto à sua própria função social, essa mesma autoridade (o chefe da polícia carioca) se considerava destinada ao "estudo dos fatos ocorrentes e [...] observações a que estava obrigado pelas responsabilidades do meu cargo e que me indicavam a máxima vigilância a bem da ordem e da segurança da República".

Posta dessa forma, temos uma divisão maniqueísta que opõe as forças do bem às forças do mal; os representantes da ordem e os insufladores do caos. Uma lógica mítica, arbitrária e desumanizada: somente a interpretação de um dos lados prevalece e se impõe: aquele que for mais forte. Esse tipo de raciocínio, que esvazia a humanidade do outro, transformando a sua diferença numa ameaça, esteve por trás de todos os grandes massacres da história, dos processos inquisitoriais à conquista da América e a eventos bem mais recentes na nossa história contemporânea.

Dentro desse espírito, a atuação das autoridades foi exemplar, conforme o relato do jornalista e historiador José Maria dos Santos:

> *Sem direito a qualquer defesa, sem a mínima indagação regular de responsabilidades, os populares suspeitos de participação nos motins daqueles dias começaram a ser recolhidos em grandes batidas policiais. Não se fazia distinção de sexos, nem de idades. Bastava ser desocupado ou maltrapilho e não provar residência habitual, para ser culpado. Conduzidos para bordo de um paquete do Loide Brasileiro, em cujos porões já se encontravam a ferros e no regime da chibata os prisioneiros da Saúde, todos eles foram sumariamente expedidos para o Acre.*

O pretexto desse expurgo para as profundezas da selva amazônica seria o de fornecer mão de obra para garantir o surto da produção de borracha na região, mas a realidade era muito mais cruel.

Os banidos da Revolta da Vacina, na verdade os magotes de pobres da cidade, eram embarcados nas famosas "presigangas", espécie de navios-prisão, onde se amontoavam de maneira bárbara, seminus, em condições precaríssimas de alimentação e respiração, sufocando, sob o calor, os excrementos, piolhos, ratos e a chibata. Muitos, é evidente, não resistiam a uma viagem tão longa e em tais condições. O senador Barata Ribeiro fez um triste paralelo ao evocar essa tragédia, referindo-se "à onda de desgraçados que entulham as cadeias dessa capital, muitos culpados, outros tantos inocentes, atirados em multidão ao fundo dos vasos que os deveriam transportar às terras do destino, com tal selvageria e desumanidade que a imaginação recua espantada, como se diante das cenas do navio negreiro que inspiraram Castro Alves".

Seu destino final se compara àquele dos míseros flagelados das secas do Nordeste, aos quais os governantes reservaram idêntico tratamento. Chegados que fossem às cidades do litoral, as autoridades os amontoavam brutalmente em vapores especialmente designados para levá-los às pressas para o coração da floresta amazônica. Euclides da Cunha nos descreveu um desses espetáculos melancólicos:

> *A multidão martirizada, perdidos todos os direitos sobre os laços da família, que se fracionava no tumulto dos embarques acelerados, partia para aquelas bandas levando uma carta de prego para o desconhecido; e ia, com os seus famintos, os seus febrentos e os seus variolosos, em condições de malignar e corromper as localidades mais salubres do mundo. Mas feita a tarefa expurgatória, não se curava mais dela. Cessava a intervenção governamental. Nunca, até aos nossos dias, a acompanhou um só agente oficial, ou um médico. Os banidos levavam a missão dolorosíssima de desaparecerem...*

Não deixa de ser irônica a exclusão e eliminação sistemática de um número tão grande de pessoas, numa época em que o governo se esforçava com tanto denodo para atrair imigrantes estrangeiros. Evidentemente, para o governo, aquela gente era não só dispensável como até incômoda, na medida em que resistia a submeter-se a uma nova espécie de disciplina do trabalho e da cidadania. Tratava-se de um gesto de expulsão e supressão do que era potencialmente incontrolável.

É notável como na sua ação de triagem, contenção e controle, a autoridade sanitária praticamente se confundia com a policial. Já pudemos avaliar esse fato ao considerar a atuação arbitrária dos fiscais, médicos e enfermeiros da Saúde Pública. Uma consulta ao estatuto que regulamentava esse serviço nos revela um decreto antigo, de 1846, cujo artigo 42 prescrevia: "Todos os encarregados da propagação da vacina terão a mais escrupulosa vigilância em tudo quanto possa interessar a tão importante serviço; e procurarão esclarecer o governo sobre todas as medidas que possam concorrer para generalizar e tornar eficazes a toda a população os benefícios da vacina".

Ora, essa "escrupulosa vigilância", esse serviço de informações minuciosas prestado ao governo, é do mesmo gênero daquela "máxima vigilância" que o sr. chefe de polícia orgulhava-se de ter dentre os seus deveres e de que se blasonava desempenhar tão zelosamente. Revela uma natureza complementar, mas muito mais abrangente do que o controle policial. Enquanto a polícia se encarregava de inspecionar e administrar os comportamentos nas ruas e nos espaços públicos, a fiscalização sanitária

Ilustração da revista *A Avenida*, outubro de 1904.

penetrava insidiosamente na privacidade dos lares devassando a intimidade dos corpos. Quais casas são passíveis de intervenção, interdição ou demolição, quais indivíduos estão sujeitos ao internamento? Só à autoridade caberia dizê-lo, mas para isso precisava espreitar os vãos das casas e examinar compulsoriamente o corpo dos moradores. Nada pode lhe escapar.

Um fato que chamou a atenção de praticamente todas as testemunhas da repressão à Revolta da Vacina foi a violência física imposta aos suspeitos já detidos e aprisionados, o "terror de tronco e bacalhau" a que se referia Lima Barreto. Esse terrorismo tinha muitas utilidades: instaurava um reino de pavor entre as vítimas da repressão, facilitando assim as atividades de investigação e controle dos presos e, inevitavelmente, no processo, marcava-lhes os corpos com as cicatrizes das brutalidades, das sevícias e das torturas. Era como uma ficha criminal gravada no próprio corpo dos detidos, que poderia ser consultada para identificá-los a qualquer momento, bastando para isso desnudá-los.

A marca dos açoites era por isso um sinal de exclusão, mas também de ressocialização, na medida em que indicava que um rebelde potencial fora subjugado pela disciplina. Não deixa assim de ser curiosa e significativa a semelhança que esse sinal tem com a marca da vacina. Também ela é um atestado que o indivíduo carrega no próprio corpo e que atesta a sua dupla submissão: à norma jurídica e à autoridade sanitária. Esses dois sistemas se conjugam no caso dos aprisionados, pois um decreto criado pelo mesmo governo de Rodrigues Alves, em fevereiro de 1905, estatui que "os indivíduos recolhidos à Casa de Detenção devem ser vacinados e revacinados". Consegue-se assim extirpar simultaneamente os germes das revoltas e os vírus das epidemias.

Essa separação ética dos corpos, corpos rebeldes, corpos doentes, corpos sãos, preconizava e era simétrica a uma nova divisão geográfica da cidade. Nela, igualmente, desde o início do século, como vimos, a homogeneidade original dava progressivamente lugar a uma discriminação dos espaços. A enorme massa popular dos trabalhadores, subempregados, desempregados e vadios compulsórios foi sendo empurrada para o alto dos morros, para as áreas pantanosas e para os subúrbios ao longo das estradas de ferro e ao redor das estações de trem. Nesse espaço, aproveitando as facilidades de transporte e a oferta maciça de força de trabalho, instalou-se também o parque fabril que circunda a cidade. O centro, por sua vez, tornou-se o foco de toda agitação e exibicionismo da burguesia arrivista: seu pregão, sua vitrine e seu palco. A zona sul, beneficiada pelos investimentos prioritários das autoridades municipais e federais, se constituiu no objeto de uma política de urbanização sofisticada e ambiciosa, voltada para os poderosos do momento, que encheu de vaidade os novos-ricos e de lucros os especuladores.

Dessa maneira, separou-se o ócio do trabalho, porque o primeiro já não tolerava a convivência com o segundo, ao contrário do que fora a tônica da sociedade do Império. O mundo do trabalho torna-se assim invisível para a sociedade burguesa. Ele é realizado longe dos seus olhos, em locais distantes; a energia elétrica flui em fios que estão acima do seu campo de visão; a água corre em encanamentos subterrâneos; a coleta do lixo e os reparos nas instalações são feitos à noite; os alimentos são comprados embalados e esterilizados; os carros têm o motor encoberto e só os estofamentos luxuosos ficam à vista. Verifica-se toda uma estratégia de ocultamento do universo do trabalho: os motoristas e condutores ficam isolados numa cabina à parte; os empregados públicos e domésticos são submetidos a uniformes que identificam a posição, as tarefas e o espaço que lhes cabe; as cozinhas e respectivos empregados desaparecem das vistas dos restaurantes, leiterias e confeitarias; a área de serviço passa a ser criteriosamente demarcada e separada da área social das residências, que adotam também portas e elevadores laterais exclusivos para seus serventes. É o sortilégio da exclusão: vive-se num mundo rico e exuberante, que se sustenta por si mesmo, embalado pelo tilintar melódico do metal precioso e rutilante.

Evidentemente, nesse mundo em que não se deseja ver o trabalho, também não se suporta a visão da doença, da rebeldia, da loucura, da velhice, da miséria ou da morte, que são enclausuradas nos sanatórios, prisões, hospitais, asilos, albergues e necrotérios. Entra em vigor um estilo de vida novo e cosmopolita, que a burguesia vitoriosa implantou e definiu ao longo de sua trajetória consagradora, pelo século XIX afora, e que só se fixou com características mais marcantes no Brasil no início do século XX. Não é por acaso que as autoridades brasileiras recebem o aplauso unânime das autoridades internacionais das grandes potências, pela energia implacável e eficaz de sua política saneadora: moção de louvor ao presidente do Brasil pelo Congresso Sanitário de Copenhague em 1904, medalha de ouro no Congresso Sanitário de Berlim em 1907, com elogios veementes no *The Times* de Londres e no *Le Figaro* de Paris. O mesmo se dá com a repressão aos movimentos populares de Canudos (1896-1897) e do Contestado (1912-1915), que, no contexto rural, como resultado da intensificação das relações econômicas de caráter capitalista, significavam praticamente o mesmo que a Revolta da Vacina no contexto urbano. As autoridades brasileiras colaboravam na constituição de bolsões de ordem e saúde, onde as burguesias nacional e internacional poderiam circular e investir com segurança, cálculo e previsibilidade.

O seguinte texto esclarece, com evidência didática, a forma como as transformações sociais e urbanas do Rio de Janeiro geravam uma consciência de divórcio profundo no seio da sociedade brasileira entre os grupos tradicionais e populares e a burguesia citadina, cosmopolita e progressista. Trata-se das reflexões que o cronista do *Jornal do Comércio* desenvolve em torno de dois índios aculturados do interior de São

Estalagem situada nos fundos dos números 12 a 41 da rua do Senado, 27 de março de 1906.

Paulo, que vêm pedir proteção e auxílio ao governo federal, em março de 1908.

> *Já se foi o tempo em que acolhíamos com uma certa simpatia esses parentes que vinham descalços e malvestidos, falar-nos de seus infortúnios e de suas brenhas. Então a cidade era deselegante, mal calçada e escura, e porque não possuíamos monumentos, o balouçar das palmeiras afagava a nossa vaidade. Recebíamos então sem grande constrangimento, no casarão, à sombra de nossas árvores, o gentio e os seus pesares, e lhes manifestávamos a nossa cordialidade fraternal... por clavinotes, facas de ponta, enxadas e colarinhos velhos. Agora porém a cidade mudou e nós mudamos com ela e por ela. Já não é a singela morada de pedras sob coqueiros; é o salão com tapetes ricos e grandes globos de luz elétrica. E por isso, quando o selvagem aparece, é como um parente que nos envergonha. Em vez de reparar nas mágoas do seu coração, olhamos com terror para a lama bravia dos seus pés. O nosso* smartismo *estragou a nossa fraternidade.*

O sucesso da campanha da vacinação e, de forma mais ampla, do processo de Regeneração, em implantar uma nova sociedade no Rio de Janeiro foi tamanho e tão ostensivo, que muitos representantes da elite dirigente viram nele uma maneira de redimir o atraso do país, aplicando-o a todo o território nacional. Foi por isso um adágio muito frequente entre as elites nesse primeiro terço da fase republicana, o de que "o Brasil é um imenso hospital". De onde se concluía que a solução para os problemas do país dependeria da aplicação de técnicas sanitárias, profiláticas e médicas. Porém, de modo mais comprometedor, esse raciocínio sugeria uma divisão da sociedade entre os doentes e os sãos, cabendo como decorrência natural aos sadios a responsabilidade pelo destino dos enfermiços.

Essa concepção paternalista, autoritária e discriminatória teve largo curso; foi brandida para justificar a pretensa apatia e indisposição para o trabalho, por parte dos grupos populares do país, e para legitimar a preterição deles em favor da vinda do imigrante estrangeiro. Assim, uma questão socioeconômica relativa à disciplina e à exploração do trabalho aparece resolvida por um diagnóstico médico. A forma caricatural dessa concepção se apresenta, por exemplo, no personagem Jeca Tatu, de Monteiro Lobato.

Urupês

Porque a verdade nua manda dizer que entre as raças de variado matiz, formadoras da nacionalidade e metidas entre o estrangeiro recente e o aborígene de tabuinha no beiço, uma existe a vegetar de cócoras, incapaz de evolução, impenetrável ao progresso. Feia e sorna, nada a põe de pé. [...]

Nada o esperta. Nenhuma ferrotoada o põe de pé. Social, como individualmente, em todos os atos da vida, Jeca, antes de agir, acocora-se.

Jeca Tatu é um piraquara do Paraíba, maravilhoso epítome de carne onde se resumem todas as características da espécie. [...]

Pobre Jeca Tatu! Como és bonito no romance e feio na realidade!

Jeca mercador, Jeca lavrador, Jeca filósofo...

Quando comparece às feiras, todo mundo logo adivinha o que ele traz: sempre coisas que a natureza derrama pelo mato e ao homem só custa o gesto de espichar a mão e colher [...].

A sua medicina corre parelhas com o civismo e a mobília – em qualidade. Quantitativamente assombra. [...]

Quem aplica as mezinhas é o "curador", em Eusébio Macário de pé no chão e cérebro trancado como moita de taquaruçu. O veículo usual das drogas é sempre a pinga – meio honesto de render homenagem à deusa Cachaça, divindade que entre eles ainda não encontrou heréticos. [...]

No meio da natureza brasílica, tão rica de formas e cores, onde os ipês floridos derramam feitiços no ambiente e a infolhescência dos cedros, às primeiras chuvas de setembro, abre a dança dos tangarás; onde há abelhas de sol, esmeraldas vivas, cigarras, sabiás, luz, cor, perfume, vida dionisíaca em escachoo permanente, o caboclo é o sombrio urupê de pau podre a modorrar silencioso no recesso das gotas.

Só ele não fala, não canta, não ri, não ama.

Só ele, no meio de tanta vida, não vive...

MONTEIRO LOBATO. *Urupês*. São Paulo: Brasiliense, 1959.

O estilo da repressão adotado na Revolta da Vacina era indicativo ainda de outros elementos discriminatórios e brutais, ligados à política de contenção e controle das camadas humildes. O aprisionamento arbitrário dos pobres da cidade, a humilhação pelo desnudamento, a fustigação cruenta, revelam um comportamento sistemático e pontual da autoridade pública. A inspiração dessa estratégia procede do modelo de tratamento reservado aos escravos e que vigorou até a Abolição. A revelação notável é que o que antes fora uma justiça particular, aplicada no interior das fazendas e casas senhoriais, tornou-se prática institucional da própria autoridade pública no regime republicano.

Aos pobres em geral, nessa sociedade, não se atribuiu a identidade jurídica de cidadãos, inerente à República. Na prática, era reservado a eles um tratamento similar ao aplicado aos antigos escravos, controlados pelo terror, ameaças, humilhações e espancamentos, com o Estado assumindo as funções de gerente e de feitor. Nesse momento de transição brusca e traumática da sociedade senhorial para a burguesa, muitos dos elementos da primeira foram preservados e assimilados pela segunda, sobretudo no que diz respeito à disciplina social. A vasta experiência no controle das massas subalternas da sociedade imperial não podia ser desperdiçada pela nova elite.

Não escapou ao escritor Lima Barreto a continuidade espúria de práticas escravistas incorporadas na vida administrativa de uma República que se pretendia liberal e democrática. Após comentar a prisão, surra e expurgo dos miseráveis da cidade na sequência ao motim, ele registra, com nota de fina ironia: “Um progresso! Até aqui se fazia isso sem ser preciso estado de sítio; o Brasil já estava habituado a essa história. Durante quatrocentos anos não se fez outra coisa pelo Brasil. Creio que se modificará o nome: estado de sítio passará a ser estado de fazenda. De sítio para fazenda, há sempre um aumento, pelo menos no número de escravos".

Situação que tendia a se tornar, portanto, um elemento estrutural e indissociável da ordem republicana. O mesmo autor, dezessete anos mais tarde, comentaria ainda: "Seja qual for a emergência [...] a autoridade mais modesta e transitória que seja procura abandonar os meios estabelecidos em lei e recorre à violência, ao chanfalho, ao chicote, ao cano de borracha, à solitária a pão e água, e outros processos torquemadescos e otomanos".

O que nos sugere o autor é que a nossa República democratizou a senzala: acabado o privilégio jurídico de alguém em particular ostentar a posse de escravos, o Estado passa a tratar todos segundo a prática prevista pela existência simbólica daquela categoria. Por isso, o conceito sociojurídico de República assume nos trópicos feições muito peculiares, que o distinguem do modelo europeu que o inspira. "Para aquém da linha equinocial, variam as coisas mais firmemente assentadas na Europa", assinala o autor do *Policarpo Quaresma*.

É claro que há diferenças muito evidentes entre o estilo da repressão da sociedade escravista e o da republicana. A exemplo do que já ocorrera com o trabalho, essa nova sociedade de feições burguesas também não tolera a visão das brutalidades físicas. Por isso os desnudamentos, humilhações e espancamentos são feitos no interior da Casa de Detenção, ou no isolamento da Ilha das Cobras – fortaleza transformada em presídio político, onde eram recolhidos os implicados em conjurações e revoltas –, ao contrário das cerimônias públicas de açoitamento, tão típicas da sociedade escravista. A repressão também se torna invisível. Assim sendo, a ordem social aparece igualmente como uma coisa dada por si, tal como a carne dos açougues, o pão das padarias, os artigos expostos nas vitrines ou embalados nos balcões. Ninguém mais suporta ver um boi sendo morto a marteladas, mas também ninguém dispensa um bom filé, aromático e fumegante: melhor então não ver o boi. Chegamos a uma sociedade que quer viver o avesso do mito da caverna de Platão, que narra o empenho de homens criados nas suas profundezas escuras para delas sair e ver a realidade à plena luz. No episódio da Revolta da Vacina, vemos claramente essa sociedade rompendo o ovo do seu nascedouro e manifestando precocemente a extensão de sua ferocidade e voracidade.

Conclusão

As pobres mães choravam
E gritavam por Jesus
O culpado disso tudo
É o dr. Osvaldo Cruz

Versos de presos, coletados por João do Rio
A alma encantadora das ruas

O que se pode dizer ao final deste relato acre que não tropece no proverbial vazio das palavras, na sua inelutável incapacidade de resgatar o que a vida já consumiu e o tempo tornou irreversível? Há no ato da evocação um desejo implícito de revogar os gestos consumados e repotencializar as oportunidades perdidas, as experiências reprimidas, as decisões contidas. Um desejo de arrastar o futuro para o passado e de saturar esse mesmo futuro com as frustrações acumuladas no tempo.

O que se vislumbrou nesta breve análise foi um momento de um processo muito mais amplo e mais complexo, que fica aqui apenas sugerido, assim como ficam indicadas as suas múltiplas direções, muitas das quais nós conhecemos concretamente no nosso cotidiano.

Os conceitos de capitalização, aburguesamento e cosmopolitização talvez sejam os mais abrangentes e aqueles que identificam as raízes mais profundas do processo que acompanhamos e cujo efeito mais cruel foi a Revolta da Vacina. Foi nesse contexto que observamos o conjunto de transformações que culminaram com a reformulação da sociedade brasileira, constituindo a sua feição material mais aparente e ostensiva, o processo de Regeneração, ou seja, a metamorfose urbana da capital federal, acompanhada das medidas de saneamento e da redistribuição espacial dos vários grupos sociais. Esse processo de reurbanização trouxe consigo fórmulas particularmente drásticas de discriminação, exclusão e controle social, voltadas contra os grupos destituídos da sociedade. E foi na intersecção sufocante dessa malha densa e perversa que a população humilde da cidade viu se reduzirem a sua condição humana e sua capacidade de sobrevivência ao mais baixo nível. A soma dessas injunções, vistas pelo seu ângulo, traduzia-se em opressão, privação, aviltamento e indignidade ilimitados. Sua reação, portanto, não foi contra a vacina, mas contra a história. Uma história em que o papel que lhes reservaram pareceu-lhes intolerável e eles lutaram por cuja mudança.

Como se vê, a Revolta da Vacina não foi mais do que um lance particularmente pungente de um movimento muito mais extenso e que reverberou em inúmeros outros momentos desse nosso dramático prelúdio republicano. A agonia que trespassava essa sociedade só pode ser avaliada se recuperarmos o eco longínquo, mas ainda tão cheio de viva emoção, que partiu de alguns dos espíritos mais sensíveis e mais torturados entre os contemporâneos desses processos. Lembremos a frase única e categórica com que Euclides da Cunha concluiu seu livro, indignado contra o massacre de Canudos: "É que ainda não existe um Maudsley [psiquiatra social em voga no período] para as loucuras e os crimes das nacionalidades". Ou o desespero com que Lima Barreto clamou contra sua internação no Hospício Nacional: "Não quero morrer, não; quero outra vida". Ou ainda a melancolia incontrolável com que Cruz e Sousa plasmou a sua história, a da sua geração e a do seu povo no soneto a seguir.

Vida obscura

Ninguém sentiu o teu espasmo obscuro,
Ó ser humilde entre os humildes seres.
Embriagado, tonto dos prazeres,
O mundo para ti foi negro e duro.

Atravessaste no silêncio escuro
A vida presa a trágicos deveres
E chegaste ao saber de altos saberes
Tornando-te mais simples e mais puro.

Ninguém te viu o sentimento inquieto,
Magoado, oculto e aterrador, secreto,
Que o coração te apunhalou no mundo.

Mas eu, que sempre te segui os passos,
Sei que cruz infernal te prendeu os braços
E o teu suspiro como foi profundo!

A Revolta da Vacina na cronologia política, social e econômica

1888
Abolição da Escravatura

1889
Proclamação da República
Início do governo de Deodoro da Fonseca

1891
Encilhamento
Início do governo de Floriano Peixoto

1893
Revolta da Armada

1894
Revolução Federalista
Início do governo de Prudente de Morais

1896-97
Guerra de Canudos

1898
Início do governo de Campos Sales

1900
Cerca de 1 milhão de imigrantes chegam ao Brasil

1902
Início do governo de Rodrigues Alves

1902
Dezembro
Novo estatuto e organização municipal para o Distrito Federal

1903
Março
Osvaldo Cruz assume a direção da Saúde Pública.
Junho
Embora inacabada, é inaugurada a avenida Passos.

1904
Março
Início oficial das obras de remodelação do porto e da construção da avenida Central.

Novembro
Revolta da Vacina
9 *Publicação da regulamentação da lei da vacina obrigatória.*
10 *Primeiras agitações populares em reação à obrigatoriedade da vacina.*
11 *Comício no largo de São Francisco e confronto com a polícia.*
12 *Concentração popular no Centro das Classes Operárias e manifestações em frente ao Palácio do Catete.*
13 *Grande manifestação popular na praça Tiradentes, rechaçada com cargas de cavalaria da polícia.*
14 *Tem início a revolta na Escola Militar na praia Vermelha.*
15 *Continuam os combates nas ruas.*
16 *É decretado o estado de sítio na capital federal. A revolta é sufocada. O governo revoga a obrigatoriedade da vacina.*

Dezembro
10 *Os detidos durante a revolta começam a ser deportados para o Acre.*
14 *Prorrogação do estado de sítio.*

1905
Fevereiro
15 *Nova prorrogação do estado de sítio até 18 de março.*

Novembro
15 *Inauguração da avenida Central.*

Referências bibliograficas

BENCHIMOL, Jaime Larry. *Pereira Passos: um Haussmann tropical. A renovação urbana da cidade do Rio de Janeiro*. Rio de Janeiro: Secretaria Municipal de Cultura, 1992.

CARONE, Edgard. *A República Velha, evolução política*. São Paulo: Difel, 1971.

CASTRO, Sertório de. *A República que a revolução destruiu*. Rio de Janeiro: Freitas Bastos, 1977.

CLASTRES, Pierre. *A sociedade contra o Estado*. São Paulo: Cosac Naify, 2012.

CRUZ E SOUSA, João da. *Poesias completas*. Rio de Janeiro: Tecnoprint, s.d.

DEL BRENNA, Giovanna Rosso (Org.). *O Rio de Janeiro de Pereira Passos, uma cidade em questão II*. Rio de Janeiro: Solar Grandjean de Montigny – PUC-RJ/Shell, 1985.

FAUSTO, Boris. *Trabalho urbano e conflito social*. São Paulo: Difel, 1977.

FOUCAULT, Michel. *Vigiar e punir: nascimento da prisão*. Petrópolis: Vozes, 1977.

LIMA BARRETO, Afonso Henriques de. *Diário íntimo*. São Paulo: Brasiliense, 1956.

LOBO, Eulália Maria Lahmeier. *História do Rio de Janeiro*. Rio de Janeiro: Ibmec, 1978.

MELO FRANCO, Afonso Arinos de. *Rodrigues Alves, apogeu e declínio do presidencialismo.* Rio de Janeiro; São Paulo: José Olympio; Edusp, 1973.

RIO, João do. *A alma encantadora das ruas*. São Paulo: Companhia das Letras, 1997.

SEVCENKO, Nicolau. *Literatura como missão: tensões sociais e criação cultural na Primeira República* [1983]. São Paulo: Companhia das Letras, 2003.

SINGER, Paul; CAMPOS, Oswaldo; OLIVEIRA, Elizabeth de. *Prevenir e curar: o controle social através dos serviços de saúde*. Rio de Janeiro: Forense Universitária, 1978.

Posfácio à edição de 2010

Política Social Remediadora: remédio fatal

A morte dessas crianças soterradas, ou arrastadas em deslizamentos e levadas afogadas e sumidas nas águas lamacentas [...] me abala como poucas coisas podem fazê-lo [...]. Meu ímpeto autêntico é investir com todos os urros escritos e vociferados, com tudo o que devesse ser dito sobre a criminalidade alienada, indiferente, utilitária e inabalável que se instala sob o nome de governos [...] A tragédia do sofrimento evitável é a pior das tragédias.

JANIO DE FREITAS, "País de todos", *Folha de S. Paulo, 6/12/09*

Este é um livro amargo, amargurado. Mas, paradoxalmente, tenho por ele o maior carinho. Foi escrito por um jovem mal chegado aos trinta anos, cheio de indignação. Àquela altura, em 1983, juventude e indignação eram quase que sinônimos. Nos tempos correntes, porém, parece que já vão deixando de ser.

Quem escreveu este livro, no entanto, era uma pessoa cheia de esperanças e que, teimosamente, persevera nelas. Este é portanto um livro cheio de esperança.

Ele foi escrito num momento de imensas e generosas expectativas. Vivia-se a transição da ditadura militar para os primeiros governos civis. Sonho, desejo e esperanças rolavam soltos no ar. Eu fazia parte de uma geração que viveu o obscurantismo e a repressão da ditadura desde a infância. Minha educação, toda ela transcorrida em escolas públicas, foi modelada institucionalmente por quatro princípios básicos: obediência, disciplina, resignação e patriotismo. Submetidos ao controle, à censura, à vigilância e à punição constantes, compúnhamos o que o professor Antonio Candido denominou "a geração sem palavras".

Não falávamos, é verdade, mas tínhamos uma convicção íntima, a de que, quando a ditadura acabasse, o Brasil se transformaria. A máquina perversa que nos oprimia tinha por objetivo exatamente impedir que se resgatasse a imensa dívida social do país, acumulada desde a escravidão colonial, para que se pudesse enfim implantar uma democracia distributiva, destinada a eliminar de vez a indignidade da pobreza que mantinha a sociedade presa a um passado de desigualdades brutais. Quando portanto começamos a sentir o arejamento dos primeiros governos civis, acreditávamos piamente que esse sonho iria se realizar. Vivíamos um momento iluminado.

Nesse exato contexto, a editora Brasiliense, encabeçada naquele momento por Caio Graco Prado, tornou-se um veículo catalisador das novas aspirações, dando voz a inúmeros representantes da "geração sem palavras". Gentes de todos os cantos, de todos os gostos, de todas as artes. Todos ainda relativamente jovens, todos indignados, todos esperançosos. Gente como Ana Cristina Cesar, Paulo Leminski, Chacal, Nestor Perlongher, Caio Fernando Abreu, para nomear apenas uns poucos, dentre os melhores. Outros jovens, muitos com diferentes especialidades acadêmicas e científicas, colaboravam em pequenas coleções de ensaios inovadores, em edições baratas, para o grande público, como as séries Tudo É História, O que É... e Encanto Radical, todas de enorme sucesso.

Mas o epicentro do agito que a Brasiliense estava fazendo na cultura pós-ditadura era o pequeno jornal *Leia Livros*. Criado pela editora para divulgar as coleções, lançamentos e autores da casa, o tabloide, distribuído em escala nacional pela rede de livrarias, tornou-se uma caixa de ressonância das novas ideias e das aspirações de transformação social e de arejamento cultural da nova cena brasileira. Compactadas em cada edição do *LL*, como múltiplos manifestos pela mudança, novas vozes faziam eco a clássicos da melhor tradição democrática brasileira, como Caio Prado Jr., Sérgio Buarque de Holanda, Celso Furtado, Josué de Castro, mas incorporavam também autores que a ditadura tinha proscrito, como Foucault, Derrida, Deleuze, Guatari, E. P. Thompson, Marcuse, Fanon, Debord, os Verdes alemães, a contracultura norte-americana e o punk inglês.

Em pouco tempo, porém, um travo amargo de decepção foi se impondo, abatendo os ânimos e forçando uma guinada completa para a desesperança. Era só o que a realidade política nos apresentava, uma desilusão após a outra. Foi nessa transição do sonho para o pesadelo que este pequeno livro nasceu.

Daí o seu tom atormentado e inquieto. Focado no início do período republicano, ele estabelecia um paralelo entre aquele momento e a cena contemporânea. Também ali, quando se criava o que pretensamente deveria ser, enfim, uma sociedade republicana e igualitária, em pouco tempo a desesperança sufocou o sonho. Ambos os casos assinalam uma síndrome fatal para o país: a das oportunidades perdidas e das boas intenções comprometidas. A Revolta da Vacina era justamente o mais evidente sintoma dessa guinada sistemática para o conservadorismo de uma classe política retrógrada que não admite mudanças, muito menos sonhos.

A chave indicativa do paralelismo que se estabelecia entre os dois momentos históricos, o início do período republicano e os primeiros governos civis pós-ditadura militar, estava assinalada na Introdução, na breve mas enfática menção à tragédia da Vila Socó, em Cubatão, São Paulo. Mais uma vez uma catástrofe perfeitamente evitável, mas que se consuma diante de todos os requintes da indiferença da classe política e da complacência da opinião pública. Comparados os dois casos e descontadas as óbvias diferenças de época, personagens, contexto e circunstância, o que se tem é um aprendizado doloroso sobre como se exploram esperanças, como se burlam aspirações legítimas e como se submete toda uma sociedade à ditadura da resignação.

Nos dois casos, o da Revolta da Vacina e o da incineração da Vila Socó, o que vemos é o ovo da serpente, a gênese de um modo de administração no qual o objetivo não é a superação, mas a gestão burocrática da pobreza como o pilar básico da política social. Trata-se de uma prática de gestão que pode ser definida como política social remediadora (PSR). Seu objetivo é tornar a existência crônica da pobreza um elemento estrutural e imprescindível (atualmente de par com o voto obrigatório), para a manutenção do sistema político como sistema de negociação do amparo e da assistência, lado a lado com a ampliação e consolidação da burocracia assistencial. O título de política social remediadora lhe cai como uma luva porque evoca a máxima lapidar do conservadorismo obscurantista brasileiro: *"o que não tem remédio, remediado está"*.

Em suma, nos termos da PSR, pobreza não se evita, não se resolve nem se combate: pobreza se negocia, se administra, se patrocina. Até o crime organizado aprendeu a lição e se esmera na sua aplicação. Atua na senda do proverbial "rouba mas faz". Na equação da PSR, tal como é atualmente exercida, todos ganham. A classe política obtém simpatias de teor devocional, apoio entusiástico e votos por compulsão. A burocracia, agentes e entidades assistenciais têm seus orçamentos, postos e funções multiplicados. Já seus beneficiários oficialmente declarados têm pelo menos sua penúria aliviada, já que não convém suprimi-la nem nesta nem em suas futuras gerações. O sistema está tão enraizado, desde o início do período republicano, e se tornou tão quintessencial a tantas e tão diversas correntes políticas, que o que de fato espanta agora, na releitura do livro, é o tom indignado em que ele foi escrito.

O que em particular instigou minha revolta foi o choque de ver gente da minha geração, ou pessoas em que minha geração acreditou e confiou, se acomodar sem maiores relutâncias à treva ética da PSR. Razão pela qual fui sondar a lucidez de alguns dos primeiros e mais percucientes críticos dessa prática degradada da política republicana, tais como Machado de Assis, Cruz e Sousa, Lima Barreto, Euclides da Cunha e João do Rio. De forma que, se minha indignação era grande quando escrevi o texto, ao longo do tempo ela só fez crescer na proporção direta da consagração da PSR. Por isso, não apenas pelo seu tom indignado, mas por seu ímpeto de denúncia, este livro me é mais caro ainda hoje do que quando o publiquei pela primeira vez.

A primeira versão do texto apareceu na série Tudo É História, na fase épica da editora Brasiliense. Era uma edição bem singela, com algumas poucas ilustrações. A segunda versão foi ampliada por uma rigorosa pesquisa de imagens, mapas e textos conduzida por Cristina Carletti, que havia criado a série História em Aberto na editora Scipione, enriquecida ainda por tabelas cronológicas e uma seleção de caricaturas. Essa edição foi direcionada para um público escolar, retirando o livro de um nicho estritamente acadêmico e dando-lhe acesso a novas gerações pelo país afora. Era sempre uma emoção muito especial para mim, quando ia participar de eventos no Rio de Janeiro ou em outras capitais e me via cercado de jovens secundaristas me solicitando autógrafos em exemplares de *A Revolta da Vacina*. A única emoção maior foi no contexto da celebração do 75º aniversário da Universidade de São Paulo, quando houve uma pesquisa sobre os 75 trabalhos acadêmicos mais citados, ao saber que este livro era um deles.

Esta versão agora apresentada pela editora Cosac Naify se baseia na anterior e, ao incluí-lo no catálogo de ciências humanas, concede ao texto a nobreza de um ensaio de referência. O que me encanta e surpreende, dado o tom atormentado da narrativa. Afinal, pode a aflição ter algum potencial cognitivo? Pode a dor inspirar? Pode a perplexidade aguçar a consciência? Seja como for, só posso exultar ao ver este texto convivendo ao lado de outros cujos autores, criaturas como Samuel Beckett, Paul Valéry, Roman Jakobson, Paul Zumthor, representam algumas das minhas mais seminais fontes poéticas e intelectuais. Só posso desejar que a energia vinda dessa egrégia companhia lhe fertilize a alma e amplie o seu impulso ético.

Nicolau Sevcenko

Sobre o autor

Nicolau Sevcenko nasceu em São Vicente, no litoral paulista, em 1952, porém desde cedo sua família mudou-se e passou a viver em São Paulo. Formou-se em História pela Universidade de São Paulo, onde seguiu carreira, exercendo a função de Professor Titular de História Contemporânea. Lecionou nos Departamentos de História da Pontifícia Universidade Católica de São Paulo e da Universidade de Campinas. Foi Professor Visitante nas Universidades de Londres, Georgetown e Illinois. Lecionou também na Universidade Harvard, onde foi membro do Conselho Consultivo do David Rockefeller Center for Latin American Studies.

Atuou ainda como membro do conselho editorial da revista de cultura e literatura *Brasil/Brazil*, publicada pela Universidade Brown. Escreveu, entre outros, *A corrida para o século XXI: no loop da montanha--russa* (2001); *Orfeu extático na metrópole: São Paulo, sociedade e cultura nos frementes anos 20* (1992); *Literatura como missão: tensões sociais e criação cultural na Primeira República* (1983/2003) e o terceiro volume da *História da vida privada no Brasil República: da Belle Époque à era do rádio* (1998). Faleceu em agosto de 2014.

Créditos das imagens

p.6-7 fotógrafo Augusto Malta, 16 de novembro de 1906. Arquivo Geral da Cidade do Rio de Janeiro.
p.20 ilustração na revista *O Malho*, Rio de Janeiro, 12 de outubro de 1904. Acervo Reminiscências.
p.24-5 fotógrafo Augusto Malta, 31 de janeiro de 1906. Arquivo Geral da Cidade do Rio de Janeiro.
p.31 fotógrafo não identificado, *Revista da Semana*, número 237, 27 de novembro de 1904. Acervo Reminiscências.
p.38-9 fotógrafo não identificado, praça da República durante a Revolta da Vacina. *Revista da Semana*, número 237, 27 de novembro de 1904. Acervo Reminiscências.
p.44 fotógrafo Augusto Malta, 1908. Acervo Instituto Moreira Salles.
p.51 ilustração na revista *O Malho*, Rio de Janeiro, 26 de julho de 1904. Acervo Reminiscências.
p.58-9 fotógrafo Marc Ferrez. Acervo Reminiscências.
p.61 fotógrafo Augusto Malta, largo da Sé, 15 de março de 1909. Acervo Reminiscências.
p.69 ilustração na revista *Tagarela*, Rio de Janeiro, 10 de novembro de 1904. Acervo Reminiscências.
p.72-3 fotógrafo Augusto Malta, barracão de madeira da estalagem situada nos fundos dos números 12 a 41 da rua do Senado, 27 de março de 1906. Arquivo Geral da Cidade do Rio de Janeiro.

p.81 fotógrafo Augusto Malta, rua Sete de Setembro, 1906. Arquivo Geral da Cidade do Rio de Janeiro.
p.89 fotógrafo Augusto Malta, avenida Central, 1905-06. Arquivo Geral da Cidade do Rio de Janeiro.
p.94 fotógrafo Augusto Malta, largo do Depósito, 1911. Acervo Instituto Moreira Salles.
p.100 ilustração na revista *A Avenida,* outubro de 1904. Acervo Reminiscências.
p.104-5 fotógrafo Augusto Malta, estalagem situada nos fundos dos números 12 a 41 da rua do Senado, 27 de março de 1906. Arquivo Geral da Cidade do Rio de Janeiro.

Índice onomástico

SOBRE O LIVRO

Formato: 12 x 21 cm
Mancha: 18,5 x 44,5 paicas
Tipologia: Iowan Old Style 10/14
Papel: Offset 75 g/m² (miolo)
Cartão Supremo 250 g/m² (capa)
1ª edição Editora Unesp: 2018
3ª reimpressão Editora Unesp: 2021

EQUIPE DE REALIZAÇÃO

Capa
Negrito Editorial

Edição de texto
Tomoe Moroizumi (Revisão)

Editoração eletrônica
Sergio Gzeschnik (Diagramação)

Assistência editorial
Alberto Bononi
Richard Sanches

Impressão e Acabamento